Ingeborg Gleichauf

So viel Fantasie

Ingeborg Gleichauf

So viel Fantasie

Schriftstellerinnen in der dritten Lebensphase

AvivA

Inhaltsverzeichnis

Einleitung

Alterswerke haben im Schaffen von Schriftstellerinnen und Schriftstellern einen besonderen Stellenwert. Deshalb fordern sie die Wissenschaft ebenso heraus wie Leserinnen und Leser. Die besondere Aufmerksamkeit, die diesen Werken zuteil wird, mag darin begründet sein, dass in ihnen die Quintessenz eines langen Schriftstellerlebens gesehen wird, kann aber auch an dem heimlichen Wunsch der Leserinnen und Leser liegen, in ihnen Hinweise auf ein wie auch immer erfülltes Alter zu finden und bedeutende – oder gar weise – Einsichten vermittelt zu bekommen.

Es ist spannend zu erleben, wie sich die Personen hinter den Werken im fortgeschrittenen, reifen Alter präsentieren. Wie gehen sie mit der Öffentlichkeit um? Erheben sie ihre Stimme oder leben sie eher zurückgezogen, agieren sie politischer oder unpolitischer als in den anderen Lebensphasen? Welchen Blick haben sie auf das Alter und wie gehen sie beispielsweise mit dem Tod ihrer Lebenspartner um? Gibt es Konstanten darin, wie sie im Alter leben und unterscheiden sie sich diesbezüglich von ihren männlichen Kollegen? Womit beschäftigt sich ihre Fantasie, wie gehen sie mit der Sprache um und wo liegen ihre inhaltlichen Schwerpunkte?

In der zeitgenössischen Literatur wie auch in der des 20. Jahrhunderts gibt es zahlreiche bedeutende Schriftstellerinnen, die auch in der dritten Lebensphase aufregende Werke verfasst haben. Die Auswahl der hier porträtierten Frauen kann nur subjektiv sein und einige wichtige Schriftstellerinnen mussten dabei unberücksichtigt bleiben. Oberste Maxime war jedoch von Anfang an, ein breites Spektrum an Möglichkeiten herauszuarbeiten, mit denen Schriftstellerinnen im Alter spielen und die sie literarisch nutzen. Im Zentrum der Auseinandersetzung stehen dabei Autorinnen, die noch immer Texte produzieren; Schriftstellerinnen aus der Zeit vor dem 20. Jahrhundert wurden nicht berücksichtigt. Natürlich spielte jeweils meine persönliche Faszination für die ausgewählten Personen und ihre Arbeiten eine zentrale Rolle.

Die Fantasie ist ein weites Land. Diese ausgewählten Schriftstellerinnen stehen nicht für sich, aber jede ist unvergleichlich. In ihrer Art, Wirklichkeit zu schaffen, gängige Vorstellungen und Klischees, auch das Alter betreffend, zu unterlaufen, mit den Mitteln der Sprache den Horizont an Möglichkeiten zu erweitern, stellen sie einzigartige Beispiele für die Freiheit der Literatur dar.

Es gilt, interessante Werke und schillernde Schriftstellerinnen zu entdecken. Diese Frauen präsentieren nicht ihr persönliches Lebenshilfemuster für das Alter. Es geht weder um die Abbildung von Wirklichkeit noch um Identifikationsmodelle, mit denen es sich im Alter besser leben lässt, sondern vielmehr um die ungeheure Wucht der Fantasie.

Manche von ihnen erleben im hohen Alter eine Art Wiedergeburt des Schreibens wie Maja Beutler, andere überraschen mit neuen Facetten und verfassen Werke voller abgründigem Humor wie Kerstin Ekman. Manche werden erst in der dritten Lebensphase richtig von der literarischen Öffentlichkeit wahrgenommen wie Marieluise Fleißer oder berühmt durch höchste Auszeichnungen, etwa den Nobelpreis, wie Alice Munro. Viele von ihnen haben die Erfahrung von Brüchen gemacht, setzen jedoch ihre Arbeit kontinuierlich fort, ob sie nun mitten in der Stadt leben oder in völliger Abgeschiedenheit auf dem Land. Eine der Schriftstellerinnen, Maria Beig, begann ihre Karriere als Schriftstellerin sogar erst in der dritten Lebensphase.

Wir erleben, was es heißt, besessen zu sein von der Arbeit, sich nicht auszuruhen oder es sich gemütlich zu machen. Kreativität und Inspiration haben für alle höchste Priorität.

Im dichterischen Gestalten gehen die in diesem Buch versammelten Schriftstellerinnen bis an die Grenzen, auch und gerade im Alter. Ihr Umgang mit dem Alter ist unterschiedlich. Sie machen sich nichts vor. Sie erschaffen Wirklichkeit mit Hilfe der Sprache. Sie erweitern ihre Horizonte, irritieren und befremden. Sie sind subversiv.

Else Lasker-Schüler (1869–1945):

Greise sind die Sterne geworden

Immer hat sie ihr wahres Alter verschleiert. Else Lasker-Schüler kann sich mit ihrem Alter nicht arrangieren, konnte es noch nie. Aber man sieht ihr ihr Alter auch nie an, sie erscheint jünger, als sie ist, auch als sie die sechzig bereits überschritten hat. Allerdings ist sie selbst andererseits auch felsenfest davon überzeugt, dass Künstler gar nicht altern können.

Was entspringt dem Wesen der Person, was ist Inszenierung? Wer spricht? Wer oder was offenbart oder entzieht sich in den Werken und in der Öffentlichkeit? Setzt man sich mit der Dichterin Else Lasker-Schüler auseinander, gerät man immer wieder in Zweifel, mit wem man es zu tun hat, mit der Person oder einer Schauspielerin. Auf unnachahmliche Weise verstand sie es, ihre öffentlichen Auftritte glanzvoll zu gestalten, so als wäre die Bühne ihr Leben, ihr eigentliches Zuhause. Sie inszenierte sich als Dichterin – und war dies doch auch im Innersten, nichts sonst. In der Welt fühlte sie sich auf unterschiedliche Weise fremd und war zeitlebens auf der Suche nach ihrer Heimat. Nach nichts sehnte sie sich so sehr, als dort anzukommen, wo sie sich zuhause hätte fühlen können. Im Lauf ihres Lebens wandte sie sich immer stärker ihrem jüdischen Glauben zu, als könnte allein er Heimat sein. Auf der Schwelle zum Alter, Ende der Zwanzigerjahre des vergangenen Jahrhunderts, ist Else Lasker-Schüler längst keine Unbekannte mehr. Ihre Werke erscheinen nach und nach im Cassirer-Verlag, was zu Hoffnung und Freude Anlass geben könnte. Lasker-Schüler ist jedoch in dieser Zeit sehr besorgt um den Gesundheitszustand ihres Sohnes Paul: Er leidet an Lungentuberkulose und verbringt viele Monate in verschiedenen Sanatorien, was nicht zuletzt auch eine große finanzielle Belastung für seine Mutter darstellt, von ihren Ängsten ganz zu schweigen. Die Lage eskaliert: Lasker-Schüler muss akzeptieren, dass Paul nicht mehr zu helfen ist und sein Tod näherrückt. Die Ärzte können nichts mehr für ihn tun. Außerdem sind die Verlagstantiemen praktisch aufgebraucht. Lasker-Schüler nimmt Paul zu sich nach

Berlin, wo sie in einem Hotel wohnt. Im Dezember 1929 stirbt er. In den zwei vorhergehenden Jahren war die mittlerweile 60-jährige Dichterin so beschäftigt mit ihrem Sohn, dass sie fast nichts geschrieben hat. Im Gedenken an Paul entsteht nun ein Gedicht: *An mein Kind*

> Immer wieder wirst du mir
> Im scheidenden Jahre sterben, mein Kind,
>
> Wenn das Laub zerfließt
> Und die Zweige schmal werden.
>
> Mit den roten Rosen
> Hast du den Tod bitter gekostet,
>
> Nicht ein einziges welkendes Pochen
> Blieb dir erspart.
>
> Darum weine ich sehr, ewiglich ...
> In der Nacht meines Herzens.[1]

So lauten die ersten fünf Strophen. Lasker-Schüler leidet unendlich. Am liebsten würde sie sich ganz von der Welt abkehren. Im Gedicht ist auch die Rede davon, dass das Grün draußen ihren Augen wehtue.

Umso wichtiger sind nach diesem schweren Schicksalsschlag für Lasker-Schüler Freundschaften. Denn nun kommt hinzu, dass die antijüdischen Hetzereien in Deutschland zunehmend an Fahrt aufnehmen. Lasker-Schüler muss reagieren auf diese Anfeindungen und tut es mit einem neuen Stück: *Arthur Aronymus und seine Väter*. Es handelt sich um eine Dramatisierung ihrer Erzählung *Arthur Aronymus. Die Geschichte meines Vaters*. Hilfreich sind Gespräche mit Kaplan Bernhard Stasiewski und die Lektüre von Dichtungen ausgewählter Rabbiner. Will man ihr selbst Glauben schenken, so hat sie das Stück innerhalb von sechs Wochen geschrieben: Wahrheit oder Fiktion? Tatsächlich arbeitet sie weitere acht Monate daran, eine Zeitspanne, in der sie keine Einkünfte hat.

Das Stück spielt um 1840 in Gesecke, wo Lasker-Schülers Vater herkommt. Zentrales Thema ist das Verhältnis zwischen Juden und Christen. Lasker-Schüler ist überzeugt von der Möglichkeit eines harmonischen Miteinanders der beiden Religionen. Die wichtigste Figur ist der Junge Arthur Aronymus, eines von vierzehn Kindern eines jüdischen Gutsbesitzers. Das Innenleben dieses Jungen erzählt Lasker-Schüler unter Aufbietung aller Mittel an Bilderzaubereien und fantasievollen Ausschmückungen, die ihre große Kunst ausmachen. Im Stück finden sich zwar Anklänge ans naturalistisch-realistische Theater, aber dennoch ist es modern, weil die eigentliche Bühne darin besteht, das Innenleben der Figuren zu entfalten. Die Handschrift Lasker-Schülers wäre nicht zu erkennen, gäbe es nicht diesen großen Reichtum an Assoziativem. Eine große Dichterin meldet sich zu Wort, die gleichzeitig auch eine Botschaft zu verkünden hat. Sie möchte ein Zeichen setzen gegen den Antisemitismus, dem man sich ihrer Meinung nach energisch und mit aller Kraft entgegenstellen müsse, sobald man auch nur Anzeichen wahrnehme.

Das Stück stößt bei sehr vielen Theaterleuten auf Bewunderung. Max Reinhardt möchte sich für eine Aufführung in Berlin einsetzen. Die Zeit ist jedoch denkbar schlecht für eine Erfolgsgeschichte: Den anwachsenden Antisemitismus kann ein Theaterstück einer jüdischen Dichterin nicht stoppen.

Im Jahr 1932 erscheint endlich wieder ein neues Buch von ihr. Unter dem Titel *Konzert* finden sich Essays und Gedichte aus den vergangenen zwölf Jahren. Nun endlich kann Lasker-Schüler wieder Lesungen machen und Geld verdienen. Es ist beeindruckend, wie sie sich von Neuem aufrappelt, sich wehrt gegen das Hineingleiten in eine Grundtraurigkeit, aus der sie nicht mehr herauskäme. Stärkend sind die Dinge, die ihr auch in der Vergangenheit das Gefühl geben konnten, lebendig zu sein: ihre Kunst und die Liebe. Lasker-Schülers Verliebtheit in die Liebe wirkt auch jetzt im Alter – sie ist mittlerweile 63 Jahre alt – erneuernd. Wenn sie nur Liebesbriefe schreiben kann, sich an Erfindungen des Geliebten ausprobiert. Diesmal ist es der Maler Gert Wollheim, der ihre glühenden Briefe aushalten muss, in denen sie ihn bittet, ins »Indianerland« zu fliehen. Sie träumt davon, ihn im »Urwald« zu küssen. Dem Angebeteten ist es offensichtlich nicht ganz geheuer und er antwortet der Dichterin nicht.

Im November des gleichen Jahres wird Else Lasker-Schüler der Kleist-Preis verliehen, zusammen mit dem österreichischen Schriftsteller Richard Billinger. Ob sie sich darüber wirklich von Herzen freuen kann? Wohl eher nicht, denn die rechtsgerichtete Presse kommentiert auf bösartige Weise. Der »Völkische Beobachter«

schreibt: »Die Tochter eines Beduinenscheichs erhält den Kleist-Preis.« Man macht sich lustig über »diese knabenhaft dürre Jüdin«, verunglimpft ihre Dichtung als »rein hebräisch«. Auch wenn Lasker-Schüler viele Freunde unter Künstlern und Intellektuellen hat, weiß sie genau, dass sie in diesem Deutschland nicht wird bleiben können und auch nicht länger bleiben will. Ihr Stück würde keine Chance auf eine Aufführung haben. Sie fasst den Entschluss, in die Schweiz nach Zürich zu ziehen. Die letzten Wochen in Berlin verbringt sie in Angst um Leib und Leben. Pöbeleien nehmen zu, auf den Straßen wird sie immer wieder von Nazis tätlich angegriffen. Sie erzählt, sie habe sich bei einem dieser Angriffe fast einen Teil der Zunge abgebissen. Else Lasker-Schüler ist eine »Verscheuchte«:

Die Verscheuchte

Es ist der Tag im Nebel völlig eingehüllt,
Entseelt begegnen alle Welten sich –
Kaum hingezeichnet wie auf einem Schattenbild.

Wie lange war kein Herz zu meinem mild …
Die Welt erkaltete, der Mensch verblich
– Komm bete mit mir – denn Gott tröstet mich.

Wo weilt der Odem, der aus meinem Leben wich?
Ich streife heimatlos zusammen mit dem Wild
Durch bleiche Zeiten träumen – ja ich liebte dich …

Wo soll ich hin, wenn kalt der Nordsturm brüllt?
Die scheuen Tiere aus der Landschaft wagen sich

Und ich vor deine Tür, ein Bündel Wegerich.

Bald haben Tränen alle Himmel weggespült,
An deren Kelchen Dichter ihren Durst gestillt –
Auch du und ich.[2]

Als Else Lasker-Schüler am 19. April 1933 abreist,
muss sie Vieles zurücklassen. Nichts davon hat sich
erhalten.

Wenn Lasker-Schüler Details aus ihrem Leben erzählt, sind Erfindung und Fakten nicht zu trennen.
Auch nach ihrer Ankunft in Zürich schaffen ihre Äußerungen Verwirrung. Sie habe einige Nächte am Ufer
des Sees übernachtet, schreibt sie einer Freundin. Der
gleichen Freundin schickt sie jedoch noch am Tag der
Ankunft eine Karte aus dem evangelischen Hospiz
Augustinerhof, wo sie untergekommen sei. Wahrscheinlich ist sie tatsächlich dort abgestiegen, ist
jedoch nachts umhergeirrt, weil sie es allein und im
dunklen Zimmer nicht ausgehalten hat.

Die Arbeitsbedingungen sind für Exilanten in der
Schweiz ziemlich schlecht. Im ersten Jahr kann Lasker-
Schüler drei Vorträge halten. Für jeden auch nur so
mickrigen Auftritt in der Öffentlichkeit muss man sich
eine »fremdenpolizeiliche Bewilligung« beschaffen.
Hinzu kommt, dass Lasker-Schüler Geld an ihre Freunde in Berlin schickt. Sie ist sehr großzügig. Für eigene
Bedürfnisse gibt sie wenig aus. Die Dichterin wird von
entsetzlichem Heimweh nach Deutschland geplagt. Da
kommt eine Einladung nach Alexandria sehr gelegen:
Die deutsche Kritikerin Margaret Pilavachi lebt dort mit
ihrem Mann und lädt Lasker-Schüler ein, Vorträge zu

halten und Bücher zu verkaufen. Nichts davon wird wahr: Auch die Eltern von Rudolf Hess leben in Alexandria, die literarische Szene ist antisemitisch unterwandert. Verzweifelt reist Lasker-Schüler nach kurzer Zeit weiter nach Palästina, wo sie acht Wochen bleibt. Sie verausgabt sich völlig, möchte so viel wie möglich sehen, um darüber schreiben zu können. Im Mai 1934 ist sie zurück in Zürich. Ausgehend von ihren Erfahrungen in Palästina schreibt sie dort *Das Hebräerland.* »Nur der dichtende Mensch, der sich bis auf den Grund der Welt Versenkende, zu gleicher Zeit sich zum Himmel Emporrichtende, erfaßt, inspiriert von begnadeter Perspektive aus, Palästina, das Hebräerland. Und teilt mit dem Herrn die Verantwortung Seiner Lieblingsschöpfung.«[3] Lasker-Schüler sucht eine Heimat und erfindet sich ihre Heimat Jerusalem. Sie nimmt Harmonie wahr, wortlos verstehe man einander, seien es nun Araber oder Juden. Die beiden Völker seien fast zu einem Volk geworden. Dabei stößt Lasker-Schüler nicht nur auf Verständnis mit ihren Thesen. Gershom Sholem zum Beispiel, den sie in Jerusalem auch getroffen hat, hält nichts von ihren dichterischen Palästina-Fantasien. Sie hingegen kann nichts anfangen mit logischen Erörterungen zum Thema. Ihre Erfahrungen sind immer auch poetisch gefärbt. Die Reise nach Palästina hat sie gerettet, ihr einen neuen lebendigen Blick auf die Welt geschenkt. Nach der schrecklichen Zeit in Berlin ist ihr, als sei sie noch einmal geboren. Diese Erfahrung fließt ein in *Das Hebräerland.* Im Alter hat Lasker-Schüler offenbar auch das Bedürfnis, an Episoden aus der Kindheit anzuknüpfen, eine Art Lebenskontinuität herzustellen, einzutauchen in eine vertraute Welt. Und so erzählt sie eine Geschichte aus dem Religionsunterricht. Da sie schon immer träumerisch veranlagt war und ihre Lehrer und Mitschüler das bemerkten, durfte sie im Unterricht die Geschichte von Joseph von Ägypten erzählen. Sie tat dies so überzeugend, dass eine Mitschülerin auf die Idee kam, Else sei ja wohl selbst dieser Joseph von Ägypten, der begabte Träumer. Wie gern spielte sie dieses Spiel mit. Und auch jetzt, im Exil, ist es die Fantasie, die ihr Halt gibt. Denn wenn sie nachdenkt über das, was in der Welt geschieht, was in Deutschland geschieht, dann tut sich der Abgrund neben ihr auf.

1937 erscheint *Das Hebräerland* im Verlag Obrecht in Zürich. Else Lasker-Schüler bietet eine Lesung an. Allerdings reagiert die Presse zu spät, die Ankündigung erreicht nicht rechtzeitig potenzielle Interessierte: Es kommen nur acht Leute. Das bedeutet ein Mini-Honorar von neunzehn Franken.

Lasker-Schüler möchte weiterhin in Zürich bleiben. Eine andere Möglichkeit kann sie nicht sehen. Ihr Aufenthaltsrecht wird bis Dezember verlängert. Aber die politische Lage wird immer unübersichtlicher. Der Anschluss Österreichs ans Deutsche Reich ist ein weiterer Schritt, der nichts Gutes verheißt. Lasker-Schüler spart an allen Ecken und Enden, isst fast nichts, friert. Ihre Stimmung ist zunehmend gereizt, sie reagiert auf Kleinigkeiten genervt und irrational. Freundschaften werden so auf eine harte Probe gestellt. Die Freunde fühlen sich häufig überfordert. Die Dichterin glaubt, abgehört zu werden. Ihr Misstrauen wächst. Verständlich ist es schon, woher sollte sie Sicherheit bekommen? Wer könnte ihre Ängste beruhigen. Im Grunde niemand und tatsächlich folgt ein weiterer harter Schlag, als ihr am 26. September 1938 die deutsche Staatsangehörigkeit aberkannt wird. Der Grund ist mehr als fadenscheinig: Sie gehöre zu den »emanzipierten Frauen«, die nicht anerkennen, was eine deutsche Frau ist und leistet und ausmacht. Außerdem äußere sie sich im Ausland deutschlandfeindlich.

Die Kraft zum Schreiben kommt bei alldem fast zum Erliegen. Es entstehen kleinere Texte, so zum Beispiel *Tagebuchblätter aus Zürich* und die Erzählung *Der kleine Friedrich Nietzsche*, die immerhin noch in der »Neuen Zürcher Zeitung« abgedruckt wird. Ohne deutsche Staatsangehörigkeit kann Else Lasker-Schüler nicht mehr in der Schweiz bleiben, da laut Gesetz damit ihre Aufenthaltsgenehmigung erlischt. Sie entschließt sich, aus dem Exil in der Schweiz in ein weiteres Exil zu gehen, und zwar nach Palästina. Am 27. Februar 1939 kommt das Visum an. Mitte März gibt es in Bern ein Abschiedsfest für Lasker-Schüler, wobei natürlich keinem der Gäste wirklich festlich zumute ist. Die Dichterin hält eine Rede, die so ganz zu ihr passt. Sie spricht davon, dass die verfolgten Juden immer direkt in die Arme Gottes geflohen seien. So bleibt sie eine begabte Träumerin, bleibt ein Joseph von Ägypten, allerdings ein an Körper und Seele krank und matt gewordener. Niedergeschlagen und körperlich am Ende erreicht Else Lasker-Schüler am 4. April Tel Aviv. Ob sie sich alt fühlt? Das Nachlassen der Kräfte schiebt sie nicht dem Alter zu, sondern den Zeitumständen.

In Jerusalem lebt sie zunächst im Hotel Vienna, danach im Hotel Atlantic und schließlich als Untermieterin. Sie lässt es sich nicht nehmen, weiterhin vehement für ein friedliches Zusammenleben von Arabern und Juden einzutreten. Die Wirklichkeit sieht leider anders aus, es kommt immer wieder zu blutigen Auseinandersetzungen. Ein wenig Harmonie, ein kleines Fetzchen Frieden, danach sehnt sich Else Lasker-Schüler, davon träumt sie. Und rafft sich noch ein letztes Mal auf, schreibt ein weiteres Theaterstück: *Ichund-Ich*. Der alte Faust-Mephisto-Stoff wird neu bearbeitet, das gesamte politische Personal des nationalsozialistischen Deutschlands marschiert auf. Ein verrücktes Stück, ein sehr besonderes Stück, modern, avantgardistisch, glühend, scharf, anklagend und doch auch poetisch. Wortakrobatik, Sprachassoziationen, Mehrdeutigkeiten, Verschiebung der Ebenen, Intertextualität: Lasker-Schülers dramatische Kunst weist in die Zukunft. Nein, sie ist nicht alt. Die Kreativität der 70-jährigen Schriftstellerin ist einfach umwerfend. Hier in diesem Stück zeigt sie sich auf der Höhe ihrer artistischen Fähigkeiten. Das ist längst nicht nur die ewig verliebte, verträumte, sich Tage und Nächte lang sehnende, in Bildern schwelgende Lyrikerin. Eine hellwache, glasklar erkennende und das Erkannte in dramatischer Zuspitzung darstellende Theaterautorin zeigt es der literarischen Welt noch einmal. Die Wirklichkeit dieser Zeit ist Bühne für ein furchterregendes Figurenkabinett. Und wenn die Dichterin Else Lasker-Schüler nicht von oben herab käme, aus einem anderen Reich, ausgestattet mit einem Zauberstab, dann wäre alles verloren.

Lasker-Schüler macht es ihren Zuschauern mit *Ichundlch* nicht leicht: Sie werden mit der Doppelgesichtigkeit der Menschen, dem Undurchschaubaren des

Daseins konfrontiert und mitten hineingezogen ins Bühnengeschehen. Gesellschaftskritik und fantastische Elemente sind dicht beieinander. Faust und Mephisto, Goebbels, von Schirach, Marthe Schwertlein, Hitler, Ribbentrop und Himmler, sie alle haben ihren Auftritt.

Else Lasker-Schüler erfüllt sich nun noch einen lange gehegten Wunsch: Sie agiert als Veranstalterin einer Art Salon. Ihre Abende bekommen den Namen »Kraal«. Lasker-Schüler mietet Vortragsräume, trägt selbstverfertigte Einladungen eigenhändig aus. Einer der Gäste darf jeweils vorlesen oder erzählen. Am ersten Abend ist es Martin Buber. Die Vortragenden sind dazu angehalten, deutsch zu sprechen. Diese Abende zünden das fast erloschene Lebensfeuer Else Lasker-Schülers noch einmal an. Sie genießt es, so viele interessante und interessierte Menschen versammelt zu sehen. Auch im Alter also und in dieser so ausweglos scheinenden Weltlage zieht die Dichterin sich nicht zurück. Noch immer liebt sie es, mit Menschen zusammenzusein. Sie sucht das Gespräch. Es ist für sie wie eine Musik, in der viele Stimmen sich erheben. So heißt es in einem Gedicht aus dem Zyklus *Mein blaues Klavier* von 1943:

Nicht den Todesschlaf –
Schon im Gespräch mit euch
Himmlisch Konzert …
Und neu Leben anstimmt
In meinem Herzen[4]

Diesen Gedichtband widmet Lasker-Schüler ihren Freunden in Deutschland und denen, die in alle Welt verstreut sind. In diesen Gedichten kommt ihre ganze Trauer zur Sprache. Sie träumt davon, »hinter« die schreckliche Wirklichkeit gehen zu dürfen. Sie weiß nicht mehr, wohin sonst. Sogar Gott selbst weint über diese ergraute Welt. Die Lebenslust ist »erblasst«, das »Totenkleid« schon genäht. In diesem Gedichtzyklus gibt es aber noch einen zweiten Teil mit dem Titel *An Ihn*. Es handelt sich um Liebesgedichte, gerichtet an den Religionsphilosophen Ernst Simon, den Lasker-Schüler 1940 in Berlin kennengelernt hat und mit dem sie seither korrespondiert. Sie besucht seine Jerusalemer Vorträge. Simon ist 42 Jahre alt, verheiratet und Familienvater. Mehr als 30 Jahre Altersunterschied also trennen die beiden voneinander, aber Lasker-Schüler vergisst ihr Alter, indem sie diese Liebe und den Geliebten erfindet.

> Komm zu mir in der Nacht – wir schlafen eng-verschlungen.
> Müde bin ich sehr, vom Wachen einsam.
> Ein fremder Vogel hat in dunkler Frühe schon gesungen,
> Als mein Traum mit sich und mir gerungen.[5]

Diesen späten Liebesgedichten merkt man das Alter der Dichterin nicht an. In ihrem Liebesempfinden ist Lasker-Schüler in der Tat alterslos. Ihr Gefühlsleben ist stark, widersprüchlich, intensiv wie eh. Ebenso intensiv sind ihre Reaktionen auf andere Menschen. Nach Erscheinen bekommt Ernst Simon ein Exemplar geschenkt. Er ist beglückt, fühlt sich geehrt und dankt für die Diskretion der Dichterin und dass er nicht namentlich genannt wird. Weshalb Lasker-Schüler später von Ernst Simon eine ihrer Zeichnungen zurückfordert, bleibt rätselhaft. Ernst Simon gelingt es jedoch, sie umzustimmen, indem er ihr klarmacht, wie seltsam es seinen Kindern vorkäme, verschwände plötzlich diese Zeichnung von der Wand.

Else Lasker-Schüler ist in diesen letzten Jahren in Jerusalem nicht einsam. Ihre Freunde laden sie ein, gehen mit ihr zu Konzerten oder ins Restaurant. Sie ist außerdem auch nicht arm, da sie von der Jewish Agency jeden Monat fünfzehn Pfund bekommt. Auch ihr Verleger Salman Schocken unterstützt sie.

Schreckliche Nachrichten von der systematischen Vernichtung der Juden durch die Nazis erreichen auch Palästina. Lasker-Schüler ist verzweifelt, will helfen, schreibt Briefe, zum Beispiel an Emmy Göring. Sie kann den Glauben an eine höhere Aufgabe für sich als Dichterin nicht aufgeben. Immer wieder denkt Lasker-Schüler nun an Selbstmord. Aber noch immer gibt es Dinge, die sie davon abhalten können. So plant sie weitere »Kraal«-Abende. Bis ins Frühjahr 1944 hält sie sich einigermaßen aufrecht. Dann holt sie eine fieberhafte Erkrankung ein, sie muss das Bett hüten, schimpft ohne Ende auf alles und alle, vor allem auf ihre Vermieterin. Sachliche Argumente zählen überhaupt nicht mehr. Von allen Seiten fühlt sie sich verfolgt. Ein letztes Mal rafft sie sich auf, macht sogar im Oktober 1944 noch einmal eine Lesung. Ihre Umgebung nimmt sie als gebückte, graue Gestalt wahr, nicht mehr wirklich ansprechbar, meistens in Trauer versunken, manchmal anklagend, wütend. Lasker-Schülers Freund Werner Kraft besucht sie oft, vor allem, nachdem sie im Januar 1945 ins Krankenhaus eingeliefert wird. Der Grund ist ein schwerer Herzanfall. Nach langem schmerzhaftem Todeskampf stirbt Else Lasker-Schüler am 22. Januar 1945 im Alter von 75 Jahren.

Djuna Barnes (1892–1982):

An vielen Tagen etwas mürrisch

Ende 1940 kehrt Djuna Barnes, die »berühmteste Unbekannte ihrer Zeit«, wie sie sich selbst gern genannt hat, mit 48 Jahren nach Amerika zurück, nachdem sie fast 20 Jahre in Paris gelebt hat.

Geboren wurde Barnes in dem kleinen Ort Cornwall-on-Hudson, New York, wo sie die gesamte Kindheit und Jugend verbringt. Erst mit 17 Jahren lernt sie die Großstadt kennen, indem sie nach New York geht, um Kunst zu studieren. 1919 wandert sie aus nach

Paris, wohin viele berühmte amerikanische Schriftsteller aufgebrochen sind. Das Paris der 1920er Jahre steht für pulsierendes Leben, Freizügigkeit in künstlerischer und vor allem auch sexueller Hinsicht. Djuna Barnes ist gern gesehener Gast in den Cafés und in den Salons von Gertrude Stein und Nathalie Barney wie auch in den Buchhandlungen von Sylvia Beach und Adrienne Monnier. Sie fühlt sich zu Frauen und Männern hingezogen und lebt ihre Bedürfnisse voll aus. Von drei kurzen Aufenthalten in New York und einem Aufenthalt in London im Jahr 1937 abgesehen, wohnt Barnes fast zwanzig Jahre in Paris. Bevor die Deutschen Frankreich besetzen, kehrt sie nach New York zurück. Hier lebt sie zunächst in einer kleinen Wohnung in Greenwich Village und zieht nach zwei Jahren in eine ebenfalls kleine Wohnung am Patchin Place. Sie wird die nächsten 41 Jahre zurückgezogen leben. Mit 50 Jahren begibt sie sich in eine Art Einsiedelei.

1941 stirbt Barnes' Mutter. Da die Beziehung der Tochter zur Mutter nie unbelastet war, ist es eine Art Befreiung für die Dichterin, sich nun auf ihre Weise auseinandersetzen zu können mit ihrer Verwandtschaft und keine Rücksicht mehr nehmen zu müssen. Schon lange denkt sie darüber nach, sich einmal der Beziehung zu ihrer Mutter literarisch anzunehmen. Abwarten, was schließlich dabei herauskommt. Noch ist sie nicht ganz so weit, sich dieser Arbeit intensiv zu widmen.

Djuna Barnes hatte bereits in den zwanziger Jahren entsetzliche Angst vor dem Alter. Sie liest in einer Zeitung, wie gefährlich der Alkohol- und Tabakkonsum für Asthmakranke sei und da sie schon eine ganze Weile unter den Symptomen eines schweren Asthmas leidet, beschließt sie, das Trinken und das Rauchen fast völlig aufzugeben. Zwar bessert sich das Asthma nicht, aber die alten Laster sind ein für alle Mal beseitigt worden. Nun, zwischen 50 und 60, fühlt sie sich alt und denkt sogar ziemlich häufig über Selbstmord nach. Immer schon hat die Auseinandersetzung mit dem Tod zu Djuna Barnes' Leben und Arbeit gehört. Das ist bei ihr keine Frage des Alters. Was sich aber verändert hat, ist das Leben jenseits der Arbeit: keine Ausschweifungen mehr, keine wilden Nächte in Kneipen und Bars, keine dramatischen Liebesabenteuer. Barnes hat einen reichen Erfahrungsschatz gesammelt. Die Jahre in Paris haben sich in ihr Gedächtnis eingegraben. Für ihre Arbeit braucht sie keine weiteren intensiven Erlebnisse mehr. Es ist alles »gespeichert«, wuchert im Inneren weiter. Es gibt genug Material für die letzte Lebens- und Arbeitsphase. Doch die letzten Jahre sind für sie in jeder Hinsicht schwierig gewesen. Gesundheitlich angeschlagen, einsam und verbittert beginnt sie ihre Lebensphase in New York. Auch in der Arbeit ist sie zunächst blockiert. Keine neuen Ideen, nichts in Sicht, was sich gelohnt hätte, dargestellt zu werden. Nichts wäre jetzt wichtiger, als endlich mit einem neuen Roman beginnen zu können. Und wie es manchmal so ist, steht plötzlich eine ganz neue Idee im Raum: Warum nicht einmal ein Theaterstück schreiben? Djuna Barnes findet Gefallen an dieser Vorstellung, nämlich ihren langgehegten Wunsch, die Beschäftigung mit ihrer Mutter nun nicht in einem Roman, sondern als Familiendrama zu gestalten. Wie bei allen Werken, auch in der Prosa, stellt das größte Problem für Barnes die Möglichkeit einer Handlung dar. Wie eine Handlung in den Text bringen? Aber muss es überhaupt sein? Ihr Schreiben funktioniert nun mal anders. Überall in ihrer Wohnung liegen Zettel, Notizen, Einfälle. Daraus eine pralle Handlung, eine kontinuierlich voranschreitende Geschichte zu machen, dürfte nahezu unmöglich sein. Niemals könnte sie einen Familienroman im Stil des 19. Jahrhunderts schreiben. In ihrer eigenen Biografie überwiegen ja schließlich auch Brüche, Widersprüche, Sprünge, Spannungen zwischen verschiedenen Welten und Lebensentwürfen. Ihr künstlerischer Blick legt sich nicht ruhig auf Menschen und Dinge, sondern bohrt sich hinein, durchbricht Schranken, will erkennen, was dahinter liegt, hält Ausschau nach verborgenen Schätzen und geheimen Grausamkeiten.

Eine erste Fassung des neuen Stücks mit dem Titel *Antiphon* ist 1954 fertig. T.S. Eliot, Barnes' Freund und einer ihrer kritischsten Lektoren, reagiert zögerlich. Was charakterisiert das Stück und bewirkt, dass es offenbar auf solch große Widerstände trifft? Thema und Inhalt können es nicht sein. Es geht um ein Familientreffen, das sich als Desaster herauskristallisiert. Die Hauptrolle spielt die Tochter, Miranda. Vor Jahren ist sie nach Europa ausgewandert und nun zurückgekehrt. Miranda ist eine fantasievolle, verträumte Person, die es allerdings mit ihrer poetischen Begabung nicht weit gebracht hat. Sie ist weder berühmt noch reich geworden, im Gegenteil. Nun hofft sie, sich auf dem Familienbesitz, einem alten Chorherrenstift, zur Ruhe setzen zu dürfen. Dann ist da der jüngere Bruder

Mirandas, Jeremy, ein komischer Kauz, den Miranda im ersten Moment gar nicht erkennt. Und schließlich die zweite Hauptfigur, deren Mutter Augusta, fast achtzig Jahre alt und in Begleitung zweier weiterer Söhne. Der Vater, Titus, ist bereits tot. All diese Personen haben sich einiges zu erzählen, bis im dritten Akt die Situation eskaliert. Auslöser ist der Vorwurf Augustas an Miranda, sie sei viel zu früh gealtert, während sie selbst noch so viel Leben in sich spüre. Miranda antwortet darauf:

> Gewiß bin ich dem Tod verpflichtet gewesen
> Er ist das Maß von allem, was ich tue,
> Er ist der Gegenstand, um den ich kreise,
> Er ist die Nabe, die die erschütterte Spindel hält,
> Bleilot, Sextant und Schwerkraft
> Des Steuermanns mit der behutsamen Hand:
> Es gehört zur Menschenwürde, daß man stirbt.[1]

Die Mutter erschrickt und fragt Miranda, worauf sie hinauswolle, ob sie ihr Angst machen möchte. Und dann spricht die Tochter etwas Erschreckendes aus: »Nein, ich versuch uns aufs Vergessenwerden vorzubereiten.«[2] Augusta erträgt daraufhin die Rede ihrer Tochter nicht mehr und erschlägt sie mit der schweren Vesperglocke. Die einzige Handlung im Stück, die einzige Tat ist eine das Leben zerstörende, ein Mord. Eine andere Tat liegt in der Vergangenheit und kann nur in der Erinnerung heraufbeschworen werden: Miranda war als junges Mädchen von einem durchreisenden alten Mann vergewaltigt worden, was ihre Mutter nicht verhindert hatte. Der Vater hatte es sogar gutgeheißen, es entsprach seiner Vorstellung von einem Initiationsritus auf der Schwelle zum Erwachsenwerden. Man könnte meinen, es bei *Antiphon* mit einem psychologischen Stück zu tun zu haben. Das ist jedoch ein Irrtum. Das Irritierende liegt vielmehr in Form und Sprache. Andrew Field, der Biograf Djuna Barnes', zitiert aus dem von T.S. Eliot verfassten Klappentext zur Buchausgabe: »Für Leute mit konventionellem Geschmack wird *Antiphon* noch schockierender sein – oder wäre es, wenn sie es verstehen könnten – als *Nachtgewächs*. Über Miss Barnes, die unbestreitbar eine der originellsten Schriftstellerinnen unserer Zeit ist, könnte man sagen, daß noch nie soviel Genie mit so wenig Talent gepaart war.«[3] Will man solch einen Klappentext? T.S. Eliot scheint ziemlich hilflos vor einem Werk zu stehen, das ihn überfordert und dessen Urheberin er leidenschaftlich bewundert.

Der einzige Lektor, der absolut begeistert reagiert und das Stück heftig liebt, ist Edwin Muir, schottischer Schriftsteller und ebenfalls ein guter Freund von Djuna Barnes. Er macht Verbesserungsvorschläge, plädiert dafür, einige Längen im Text zu streichen. Die Schriftstellerin hat Vertrauen in die literarische Sensibilität dieses Freundes und akzeptiert die von ihm vorgeschlagenen Änderungen. Trotzdem bleibt der Text für die meisten Leser und »Fachleute« dunkel und unverständlich. *Antiphon* erscheint 1958 – da ist Djuna Barnes 66 Jahre alt – zuerst in England, dann in Amerika. Den Titel erklärt sie im Stück selbst:

Wo die hohen Saiten
Der Viola, angerissen, den Gegenton

In den nicht angerißnen Saiten drunter zeugen
Da ist Antiphon.[4]

Barnes geht es in *Antiphon* also um Schwingungen, um
das, was indirekt im Gesagten ausgedrückt wird, um
Bewegung. Die Personen sind einander fremd, aber in
ihrer Fremdheit sind sie doch auch vertraut miteinander: fremde Vertraute, vertraute Fremde. Sie sprechen,
aber stärker in seiner Wirkung bleibt das Ungesagte.
Das funktioniert bei Djuna Barnes nur auf Kosten einer
lebendigen Schilderung der Personen. Gerade das
aber erwarten die Durchschnittstheatergänger und
-leser von einem Stück. Djuna Barnes hat mit *Antiphon*
ein Stück geschrieben, das wie ein Langgedicht klingt
und dessen Bühnenwirklichkeit die Spannung aus
Sprache und Schweigen ausmacht, nicht das Handeln
von Menschen aus Fleisch und Blut. Besonders depri-
mierend ist es für Barnes, wie viele ihrer Freunde sich
herausreden, sobald sie auf *Antiphon* angesprochen
werden. Es passiert sogar, dass sie Krankheit oder
Unwohlsein vorschieben, um ihre Meinung nicht kundtun zu müssen. Es gibt zwar einige Leute, die das Stück
loben, doch setzen sie sich nicht in der Öffentlichkeit
dafür ein. Für Barnes entsteht der Eindruck, niemand
riskiere etwas, um sie und ihr Werk bekannt zu
machen. Niemand außer Edwin Muir. Vielleicht ist er
tatsächlich der einzige vorbehaltlose Bewunderer ihrer
Kunst. Vor seinem schwedischen Kollegen Dag Hammarskjöld schwärmt er derart von Djuna Barnes und
Antiphon, dass dieser das Stück ins Schwedische übersetzt. Und siehe da: Als es im Februar 1961 zu einer
Aufführung im königlichen Dramatischen Theater in

Stockholm kommt, gibt es eine Überraschung. Im Stockholmer »Express« ist zu lesen: »Ja, das Publikum ließ sich allmählich gefangennehmen. Nach dem ersten Akt waren die Leute ziemlich eingeschüchtert und scheuten sich ein bißchen, zu zeigen, wie ratlos sie sich fühlten. Der zweite Akt verwirrte auch noch, hatte aber eine aufwühlende Wirkung, der man sich nicht entziehen konnte. Der dritte Akt, der die eigentliche Antiphonie, den Wechselgesang zwischen einer Mutter und einer Tochter enthält, spülte jeden Widerstand hinweg: Man mußte sich dem dramatischen Gedicht einfach hingeben.«[5]

In der englischsprachigen Presse hingegen gibt es kaum Resonanz.

1960 stirbt Edwin Muir, 1961 kommt Dag Hammarskjöld bei einem Flugzeugabsturz ums Leben. Die beiden Männer waren und wären sicherlich weiterhin im Alter Stützen für Barnes gewesen. Ihre vorurteilslose Bewunderung, der untrügliche literarische Geschmack gepaart mit Feinsinnigkeit im persönlichen Umgang fehlen ihr unendlich. Es wird noch einsamer um Djuna Barnes. Seit Anfang der fünfziger Jahre prophezeien ihre Ärzte aufgrund ihrer fragilen Gesundheit und ihrem schlechten Aussehen einen baldigen Tod. Immer wieder ist auch von Krebs die Rede. Die eine oder andere Operation muss die Dichterin über sich ergehen lassen. Nach jedem körperlichen Tiefschlag wendet sie sich jedoch mit großer Energie ihrer Arbeit zu.

1959 nimmt die Korrespondenz zwischen Djuna Barnes und dem deutschen Schriftsteller Wolfgang Hildesheimer ihren Anfang. Hildesheimer übersetzt Barnes' 1936 bei Faber & Faber in London erschienenen

Roman *Nightwood* ins Deutsche. Er ist der festen Überzeugung, es bei diesem Buch mit einem der wichtigsten Werke des 20. Jahrhunderts zu tun zu haben. Und in der Tat wird *Nachtgewächs* nach Erscheinen in Deutschland von vielen Lesern und Schriftstellern begeistert aufgenommen. Wolfgang Koeppen ist der Meinung, der Roman sei ein »Appell an die Ewigkeit«. Der Lyriker Jürgen Becker hebt die wuchernde Sprachgewalt hervor. Fast hat man den Eindruck, nur die englischsprachigen Länder haben diese immensen Probleme mit Barnes' Werk. Djuna Barnes begleitet die Übersetzung ins Deutsche. Es ist anzunehmen, dass die Vergangenheit damit aufgewühlt wird. Schließlich hat sie damals zwischen 1931 und 1936, als sie *Nightwood* niederschrieb, eine der dunkelsten Phasen ihres Lebens durchgemacht. In Robin und Nora, den beiden Hauptfiguren des Romans, sind unschwer Djuna Barnes und ihre Geliebte Thelma Wood zu erkennen. Etwa 1929 hatte Barnes die aufregende und schöne Bildhauerin in Paris kennengelernt. Es wurde die leidenschaftlichste Liebe ihres Lebens. Acht lange Jahre dauerte die an Höhen und Tiefen überreiche Beziehung. Thelma Woods enormer Freiheitsdurst brachte die Liebe schließlich zum Scheitern. Für Djuna Barnes war es grauenvoll, den Verlust der Geliebten akzeptieren zu müssen. Hinzu kam zu jener Zeit, dass die Dichterin extrem wenig Geld hatte. In ihrer Not zog sie mit dem amerikanischen Schriftsteller Charles Henry Ford zusammen, reiste viel, wurde schwanger, trieb ab: Es waren wahnsinnig intensive Jahre.

Sich selbst bezeichnet die alte Djuna Barnes als eine Art »Trappistin«, die zurückgezogen in ihrer Wohnung, einer Art Mönchszelle, lebt. Allerdings ist es dafür zu unordentlich bei Barnes. Ihre »Zelle« ist übervoll mit allerhand Dingen, Zetteln, Krimskrams. Zeichen gelebten Lebens überall verstreut. Dick verstaubte Bücher, Fotografien von Menschen, mit denen sie Phasen ihres aufregenden Lebens geteilt hat. Trotz ihrer grundsätzlichen Zurückhaltung war Barnes in ihren Pariser Jahren sehr präsent, sichtbar, ansprechbar. Das Leben und die Liebe fanden auch in der Öffentlichkeit statt, unter den Augen Gleichgesinnter, ebenso rauschhaft lebender Männer und Frauen. Und nun dieses Durcheinander, ohne Ordnung, ohne System. Diese Einsamkeit. Bruchstücke eines schon sehr lange währenden Lebens, chaotisches Protokoll seiner Höhen und Tiefen. Djuna Barnes, einst atemberaubende, das Leben genießende Schönheit – und nun? Im April 1967 legt sie einem Brief an Silas Glossop ein Foto von sich bei. Sie schreibt: »Ich sehe aus wie der Erasmus von Holbein … Wenn man sein wirkliches Alter wissen will, muß man seine letzte Photographie in aller Öffentlichkeit betrachten.«[6] Gnadenlos ist ihr Blick auf sich selbst.

Djuna Barnes ist im Jahr 1967 fünfundsiebzig, hat mehrere Stürze mit Knochenbrüchen und nachfolgenden Operationen erlebt, sieht krumm und gebrechlich aus. Aber sie muss weiterleben, auch wenn sie ihren Zustand schrecklich findet. Barnes vertritt die Ansicht, Menschen sollten eigentlich überhaupt nicht so alt werden.

Inzwischen bedauert sie es sogar, allein leben zu müssen. Es hat sich viel verändert in der Gegend, in der ihre kleine Einzimmerwohnung liegt: Patchin Place

Nr. 5. Was einmal ein echtes Künstlerviertel war, ist nun zu einem ziemlich heruntergekommenen, schäbigen Stadtteil geworden. Die Künstler sterben nach und nach, das Viertel verlottert zusehends. Immer wieder kommen Leute, die einen Blick auf die bizarre alte Dame werfen wollen. Natürlich flattern auch Interviewanfragen von Zeitschriften und Einzelpersonen ins Haus, die Barnes jedoch alle abschmettert. Im Stadtteil gibt es sogar Überfälle, und auch Djuna Barnes berichtet Andrew Field, wie sie einmal von einem riesigen Schwarzen angegriffen wurde. Er verlangte ihren Geldbeutel, sie aber schrie ihn derart heftig an, dass er erschrak und sich zurückzog. Einmal versucht ein Immobilienhai, sich des Viertels zu bemächtigen. Die Bewohner wehren sich und erreichen es, dass sie bleiben können. Sich ausbreitendes Ungeziefer wird in Kauf genommen. Zu Barnes' wichtigsten Utensilien gehört ein Kakerlaken-Spray.

Zwischen 1978 und 1981, Ende 80, akzeptiert Djuna Barnes einen »Sekretär«, Hank O'Neal, vierzig Jahre alt. Er besucht die Dichterin in regelmäßigen Abständen, hilft ihr beim Ordnen ihrer Niederschriften, erledigt Verlagspost, unterstützt sie bei allen finanziellen Unternehmungen. Er kümmert sich auch um Übersetzungs- und Urheberrechtsfragen. Am Auf und Ab ihrer finanziellen Lage ändert sich nichts. Immer noch gibt es Zeiten extremer Geldknappheit. Die Auseinandersetzungen mit ihren Verlagen waren nie einfach und daran hat sich nichts geändert. Lebenslang kämpft Djuna Barnes um eine angemessene Honorierung ihrer Arbeit. Kommunizieren tut sie mit ihren Verlegern nur telefonisch. Sie ist keine im Alter etwa plötzlich milde gewordene Dame, sondern reagiert bissig auf alles, was ihr ungerecht erscheint. O'Neal schreibt über die Dichterin: »Sie schätzte ihre Unabhängigkeit so hoch wie Cyrano seine weiße Feder ... Stolz, Unabhängigkeit, Einsamkeit und Zorn über eine Welt, die sie entweder nicht mehr verstand oder der sie nicht anzugehören wünschte – alles dies hielt sie zu Ende ihres Lebens in Gang. Sie selbst stellte das immer wieder auf höchst eloquente Weise fest.«[7]

Liebe, Einsamkeit und Dramatik des Daseins gehören für Barnes untrennbar zusammen. Ebenso betont sie die Allgegenwart des Todes in jeder Lebensphase. Diesen existenziell tief empfundenen Realitäten sollte jeder Mensch in seinem Leben Rechnung tragen. Alles andere erscheint der Dichterin schal, verlogen, unerträglich banal. Einen auf Harmonie gegründeten Lebens- und Liebesentwurf würde sie niemals bejahen können. Die Liebe ist in ihren Augen immer aufwühlend, herrlich und schrecklich in einem, voller dramatischer Momente. Das Leben plätschert nie vor sich hin, es ist für Djuna Barnes ein reißender Strom.

In den letzten Jahren ihres Lebens hält die Schriftstellerin noch immer an einem streng geregelten Tagesablauf fest, sofern es ihre gesundheitliche Lage erlaubt. Meistens steht sie schon um fünf Uhr auf, frühstückt und arbeitet bis nachmittags an ihrem Schreibtisch. Eine große Esserin war sie noch nie. Es kann vorkommen, dass sie Mahlzeiten einfach vergisst.

Von Theaterstücken und Prosa hat sie sich verabschiedet. Sie kehrt zu ihren literarischen Anfängen zurück und versucht sich wieder an Gedichten. Sie braucht sehr lange. Manchmal vergehen mehrere

Tage, bevor ein paar Zeilen auf dem Papier stehen. Zum Beispiel diese:

An vielen Tagen etwas mürrisch
Das Walroß ist eine Kuh, die wiehert.
Stoßzahnbewehrt, häßlich und windumtost
Sitzt es auf Eis, und allein.[8]

Verwirrend, waghalsig in Stil und Inhalt. Nie wird sich das ändern. Nun beginnt auch langsam eine Phase, in der sich wissenschaftlich arbeitende Menschen für die Dichterin interessieren. 1970 wird ein Professor namens James Scott von der University of Bridgeport beauftragt, einen Band über Djuna Barnes zu schreiben. Das Buch soll in einer Reihe mit Biografien moderner Autorinnen und Autoren erscheinen. Ein Termin für ein Treffen wird vereinbart. Als der Professor vor ihrer Tür steht und klingelt, macht niemand auf. James Scott lässt sich nicht beirren, macht zuerst einmal einen Spaziergang in die Umgebung und versucht sein Glück ein zweites Mal. Und siehe da: Die Tür öffnet sich und es erscheint eine sehr alte Dame in Nachthemd und Morgenrock. Ein wenig befremdlich ist es schon, denn die Uhr zeigt drei Uhr nachmittags. Aber es ist die Hauskleidung Djuna Barnes' und über eines darf man sich nicht hinwegtäuschen: Sie ist kein bisschen müde und macht alles andere als einen verschlafenen Eindruck. Im Gegenteil: Professor Scott ahnt sehr schnell, mit welch wacher Klugheit und tiefsinniger Schlagfertigkeit er es hier zu tun hat. Er weiß auch, dass das alles für ihn mit starken Kopfschmerzen enden könnte. Die Begegnungen und Gespräche mit Djuna Barnes sind für all ihre Interviewpartner sehr intensiv. Professor Scott bekommt schließlich gegen sein tatsächlich einsetzendes Kopfweh zwei Aspirin und ein Glas Wasser dazu. Djuna Barnes gesteht ihm, das sei einfach immer so, sie wisse, wie intensiv sie sei. Wie sehr sie durchdrungen ist von ihrer literarischen Arbeit, eine Schriftstellerin durch und durch, merkt Scott vor allem an der Art, wie sie über sich und ihr Schreiben spricht. Es sprudelt aus ihr heraus, sie ist abwechselnd sanft, wütend, mild, aufbrausend, präsent und abwesend. Und widerspricht immer wieder auch sich selbst, ironisiert eigene Aussagen.

Ihr Biograf Andrew Field schildert, wie er die Dichterin 1977 zum ersten Mal besucht. Er muss am Telefon eine Beschreibung seiner Person geben. Vorher wird ihm keine Besuchserlaubnis erteilt. Als er davon erzählt, dass ein Vollbart sein Gesicht schmückt, befiehlt sie ihm geradezu, diesen abzunehmen. Bärtige Männer ertrage sie ganz und gar nicht und sie könne nicht verstehen, wie man mit einem bärtigen Mann verheiratet sein könne. Das Gespräch selbst hinterlässt einen bleibenden Eindruck: Vier Stunden hält Barnes durch.

Noch immer zeigt die Dichterin auch Interesse an dem, was die jüngeren Kolleginnen und Kollegen produzieren. Das meiste davon allerdings erscheint ihr zu leichtfüßig, um bedeutend zu sein. Für Sylvia Plath hingegen interessiert sie sich sehr. Was die persönliche Begegnung mit zeitgenössischen Literaten betrifft, so ist sie sich selbst im Weg: Carson McCullers verehrt Barnes und drängt darauf, sie einmal besuchen zu dürfen. Leider wehrt Barnes ab, denn da wäre vielleicht ein Gespräch möglich. Ähnlich verhält es sich im Fall von Susan Sontag: Barnes verehrt sie sehr und liebt ihr Werk. Bei einer öffentlichen Veranstaltung, auf der auch Sontag anwesend ist, traut sich Barnes nicht sie, anzusprechen. Als Sontag schwer erkrankt, äußert Barnes den dringenden Wunsch, ihr 1978 erschienenes Buch *Krankheit als Metapher* zu lesen.

Djuna Barnes hat in den langen Altersjahren ihre Fühler immer ausgestreckt, Anteil genommen, sich informiert – allerdings stets hinter verschlossener Tür. Sechs Tage nach ihrem 90. Geburtstag stirbt sie allein.

Marieluise Fleißer (1901–1974):

Man braucht viel Kraft, das Einfache zu heben

In den Jahren 1964 und 1965 – Marieluise Fleißer ist inzwischen 63 bzw. 64 Jahre alt – steht es mit den Finanzen der Schriftstellerin so schlecht, dass sie ihre Krankenkassenbeiträge nicht mehr aus eigener Tasche bezahlen kann. Die Schauspielerin Therese Giehse springt ein. Es ist dieselbe Therese Giehse, die der Meinung ist, Fleißer sehe nicht wie eine Schriftstellerin, sondern wie eine Handarbeitslehrerin aus. Dabei kleidet Fleißer sich sehr bewusst. Sie lässt ihre Kleider nähen, sucht die Stoffe sorgfältig aus und trägt sehr gern Hüte. Ein besonderes Modedetail stellen die Knöpfe an ihren Kleidungsstücken dar, die meistens die Form ihrer Hüte haben. Fleißer entspricht also keineswegs dem Klischeebild der graumäusigen und unattraktiven Handarbeitslehrerin. Sie ist damenhaft und hat einen besonderen, eigentümlich Stil, so extravagant wie die ganze Person: eine blitzgescheite, hellwache, stolze, aber dennoch leise auftretende Künstlerin. In ihrer dritten Lebensphase wird diese Eigenheit der Fleißer besonders deutlich.

1969 kommt ein Film in die Kinos, den der Regisseur, Rainer Werner Fassbinder, Jahrgang 1945, Marieluise Fleißer widmet: *Katzelmacher*. Wie kommt es zu dieser Widmung? 1967 hatte Helene Weigel, Schauspielerin und seit 1929 Ehefrau Bertolt Brechts, die Idee, Fleißers Stück *Pioniere in Ingolstadt* für das Berliner Ensemble neu zu inszenieren. Vor nunmehr 38 Jahren hatte das Stück Premiere und Fleißer hatte es danach ad acta gelegt, sich nicht mehr damit befasst. Zu schwierig war die Situation in den zwanziger Jahren gewesen, als das Stück herauskam. Zwei Dienstmädchen sind die Hauptfiguren. Sie lassen sich ein mit in Ingolstadt stationierten Küstriner Soldaten. Die jungen Frauen sehnen sich nach Liebe, werden aber bitter enttäuscht. Nachdem die Uraufführung am 25. März 1928 in Dresden positiv aufgenommen worden war, gab es genau ein Jahr später, am 30. März 1929, bei der Inszenierung im Theater am Schiffbauerdamm einen Schrei der Empörung. Im »Berliner Lokalanzeiger« konnte man lesen: »Vor diesem alles zersetzenden Frauengemüt hält keinerlei Wert noch Sitte stand. In alles gießt sie ihre Jauche hinein und wähnt damit, ein Werk der geistigen Befreiung zu tun. Wo der niedrigste Mann noch eine Anwandlung von

Scham und Respekt verspürt, da findet sich ein Weib, das die letzten Rücksichten von sich abstreift.«[1]

Eine »bissige Ingolstädterin« wurde sie genannt. Sie habe »keinen Funken von Instinkt für wirkliches Volkswesen«, erkenne nicht, dass die rein männliche Welt des Militärs ordentlich und anständig sei. Marieluise Fleißers *Pioniere in Ingolstadt* erschien in einer Zeit, in der die Diskussion um eine Wiedereinführung der 1918 abgeschafften Zensur wieder aufkam. Das Stück wurde nicht verboten, aber es ging knapp zu. Allerdings mussten brisante Stellen gestrichen werden. In der »Berliner Illustrierten Nachtausgabe« war ein offener Brief an den Bürgermeister von Ingolstadt abgedruckt: »Ein junges Mädchen Ihrer Stadt, der die Kochschule nichts Interessantes bot, hat zu dichten begonnen. Es würde uns nichts angehen, wenn sie es nur in der Heimat täte. Aber sie läßt ihre Stücke auch in Berlin spielen.«[2] Es kam sogar zu einem Prozess, weil Fleißer sich gegen öffentliche Beleidigungen des Bürgermeisters von Ingolstadt wehrte. Der Bürgermeister wurde dazu verurteilt, ein Strafgeld von 30 Mark zu zahlen. Marieluise Fleißer war schwer getroffen. All diese Beleidigungen schmerzten und in einem Interview von 1963 sagte sie: »Ein halbes Menschenleben habe ich gegen den Schatten dieser Aufführung angekämpft.«[3]

Lange also hat es gedauert, bis Marieluise Fleißer sich von diesen Angriffen befreit hat und die *Pioniere in Ingolstadt* noch einmal in Angriff nimmt. Sie möchte das Ganze auf ein zeitgemäßes Niveau bringen. Aber als könnte es bei diesem Stück gar nicht anders sein: Es läuft wieder nicht glatt oder vielmehr, es nimmt eine andere Entwicklung als geplant. Hier nämlich kommt der wilde Jungfilmer Rainer Werner Fassbinder ins Spiel. 1967 ist er zweiundzwanzig Jahre alt und überzeugt vom eigenen Talent. Außerdem hat er keinerlei Skrupel, sich die Stoffe, die er bearbeiten möchte, anzueignen. Fragen nach der Urheberschaft stellt er lieber nicht. Marieluise Fleißers *Pioniere in Ingolstadt* haben es ihm angetan. Fleißers knappe Sprache, ihre Kunst, den Dialekt einzuarbeiten, ohne dass es penetrant wäre. Dies Suchen nach Worten bei Menschen, die es nicht so mit dem Sprechen haben, die eher wortkarg sind. Aber man will sich halt doch ausdrücken. Man muss sich ausdrücken, irgendwie, sonst hört einen gar keiner, sonst bleibt man auf Dauer allein. Eine Liebe will doch jeder haben im Leben, oder zwei, vielleicht auch mehr. Wie es sich ergibt. Die einen lieben so, die anderen so. Die einen erobern gern, die andern werden gern erobert. Manche halten es mit der Treue, manche eher mit der Untreue. Und manche mögen es ein wenig rauer. Das ist Fassbinders Welt, das Milieu, das auch er erzählen möchte, auf filmische Weise. Fleißers Stück begeistert ihn auf der Stelle. Er kümmert sich nicht um die Aufführungsrechte, beginnt mit den Proben. So passiert es, dass die Autorin aus der Zeitung erfährt, dass am 18. Februar 1968 ein Stück mit dem Titel *Zum Beispiel Ingolstadt* aufgeführt werden soll. Natürlich reagiert Fleißer mit Entsetzen auf diese Neuigkeit. Ihr Widerspruchsgeist meldet sich vehement und auch das Bewusstsein, dass hier mit einer von ihr erbrachten Leistung ohne Erlaubnis frei geschaltet und gewaltet wurde. Ein unmögliches Unterfangen. Fleißer erwirkt sowohl im »Donaukurier« als auch in der »Süddeutschen Zeitung« eine Notiz, in der sie sich wehrt gegen die Aufführung mit der Begründung, sie arbeite gerade selbst an einer Neufassung ihres Stücks und fühle sich nun um den Erfolg betrogen, was ja auch finanzielle Konsequenzen hätte. Zwei Wochen vor der Premiere schickt Fassbinder als Vermittler den Komponisten Peer Raben zu Fleißer, um sich einzuschmeicheln und gut Wetter zu machen. Fleißer sagt definitiv Nein. Allerdings hat sie das Problem, dass der Name des von Fassbinder inszenierten Stücks nicht *Pioniere in Ingolstadt* ist. Und dann lenkt sie schließlich doch ein. »Die jungen Leute müssen nur noch nach Ingolstadt fahren und mich zur Hauptprobe entführen mit ihrem Charme, und wenn ich erst sehe, wie dreckig es dem Büchner-Theater geht und dass sie begabt sind, die Jungen, dann werde ich ihnen, zum Kuckuck, die Erlaubnis doch geben. Das alles habe ich gesehn und habe es ihnen doch noch erlaubt.«[4]

So ist sie, die Marieluise Fleißer. Lässt sich einwickeln vom Charme eines Rainer Werner Fassbinder. Man glaubt es ihr, denn immer wieder hat sie sich einwickeln lassen. Wenn man sieht und hört, wie sie erzählt von den ersten Lieben, von Brecht, den sie im Sommer 1924 in Berlin kennenlernte, und dass sie ja wusste, sie war nicht seine große Liebe, aber er sei schon ihre große Liebe gewesen und wie die Augen lachen und diese zärtliche Wachheit das ganze Gesicht überstrahlt, dann glaubt man ihr ihre Geschichten. Und nun also der charismatische genialische junge Fassbinder. Schauspieler erzählen später, wie Fleißer bei den Proben dasaß, die Hände auf ihrer

Tasche auf den Beinen, ruhig, bieder wirkend, aber mit diesem wachen Ausdruck in den Augen. Es ist allen klar: Dieser alten Dame entgeht nichts, keine auch nur geringste Regung, Mienenspiel, Gestik, alles registriert sie.

Als Fassbinder ihr dann einen seiner Kinofilme, nämlich *Katzelmacher*, widmet, ist sie so richtig glücklich. »Ich dachte darüber nach und merkte, da hatte ich einem begabten jungen Menschen, der mit dem Schreiben anfing, etwas für ihn Entscheidendes gegeben, und er hatte mir dafür gedankt.«[5]

Bei Fassbinder existiert das Glück nur als Sehnsucht nach dem Glück, als Streben, nie in der Erfüllung. Damit ist er ganz nah bei Marieluise Fleißer, ihrem Schreiben und ihrem Leben. Einerseits sieht Fassbinder sich als Fleißer-Schüler, andererseits ist er sich aber auch sicher, entscheidend mitgeholfen zu haben, dass es zu einer späten Wiederentdeckung dieser bedeutenden Schriftstellerin kam. Noch begeisterter und dankbarer zeigt sich ein anderer: Franz Xaver Kroetz, Jahrgang 1946, Schauspieler, Regisseur, Schriftsteller. Und Fleißer erkennt ihn in ihrem Text »Alle meine Söhne«, der im Sonderheft von »Theater Heute« im Jahr 1972 erscheint, als ihren Lieblingssohn an. »Es gibt liebste Söhne. Er hat mich am tiefsten gegraben, und ich glaube, er hat am meisten gefunden, und es um und um gedreht. Er hat das Eigentliche ›erkannt‹. Ich habe nachhaltig auf ihn gewirkt und bis ins Unterschwellige hinein. Das ist ein Vorgang, der mich beglückt. Ich sehe, daß hier was weitergeht von innen heraus.«[6]

Fassbinders Fernsehfilm *Pioniere in Ingolstadt* wird am 19. Mai 1971 ausgestrahlt. Fleißer ist nicht begeistert davon, wie Fassbinder mit ihrem Stoff umgeht, aber sie kann die Publicity sehr gut brauchen und vor allem das hohe Honorar, das ihr vertraglich zugesichert wurde und nun ausbezahlt wird, benötigt sie dringend. In den Feuilletons wird heftig und kontrovers gestritten über das Stück und die Fernsehadaption. Auch das tut Marieluise Fleißer gut. Schlagartig steht sie wieder in der Öffentlichkeit. Das jahrelange künstlerische Schattendasein hat ein Ende.

In der Tat, was in den vergangenen zehn Jahren geschah, klingt wunderbar, merkwürdig, beglückend auch. Von einer wahren Alterspräsenz ist zu sprechen. Das Wiederaufsteigen des Sterns Marieluise Fleißer beginnt schon, bevor Rainer Werner Fassbinder auf sie aufmerksam wird. Sie bearbeitet alte Texte, verfasst neue Texte. Vor allem Literaturredakteure des Südwestfunks bemühen sich darum, einen Verlag zu finden, der das Wagnis einer Publikation von Fleißer-Texten auf sich nehmen würde. Ein Lektor des Hanser Verlags kann gewonnen werden. Es beginnen intensive Verhandlungen. Marieluise Fleißer sitzt zu dieser Zeit an einer neuen Erzählung: *Avantgarde*. Die Hauptfigur in dieser Geschichte heißt Cilly Ostermeier, kommt aus der Provinz in die Großstadt und hat den Wunsch, etwas Besonderes zu werden, eine Künstlerin vielleicht. Und dann begegnet sie dem Genie: »Er war der Mann, der schon was konnte. Sie spürte tief, wie er über ihr stand, und war sie bei ihm faßte sie doch einen Zipfel vom starken, vom glühenden Leben.«[7]

Ohne die Führung durch das Genie bringt die Frau aus der Provinz es nicht weit. Eigentlich sollte Cilly studieren und ihren Doktor machen, aber nun folgt sie dem Dichter wie eine Schlafwandlerin. Von zuhause aus der Heimat kommen warnende, beschwörende, auch wütende Briefe. Man werde sie nicht weiter unterstützen. So sehr Cilly an den Menschen daheim hängt, kann sie sich ihnen doch nicht verständlich machen. Die Atmosphäre in der Großstadt, die Aura des Genies, begeistern Cilly. Der Dichter wünscht sich ein Stück von Cilly. Aber er mischt sich ein in den Schaffensprozess, übt seine Kritik gerade an dem, was Cilly als ihr Wertvollstes betrachtet. Dass dieses Eigene stark ist, davon ist Cilly überzeugt. Je mehr es sich zu ducken hat, desto vehementer regt es sich. »Für sie gab es immer noch ihr eigenes bockiges Selbst und stärker, je mehr man es drückte.«[8] Cilly geht in die kleine Stadt zurück und sucht nach einem Mann, der so ganz anders sein sollte als das Genie. So passiert es, dass sie auf Nickl trifft. Wie es in der Provinz zu jener Zeit üblich ist, geht man nicht allzu lange mit einem Mann, ohne sich zu verloben. Cilly bekommt bald schon den Verlobungsring an den Finger gesteckt, was ihr durchaus nicht gefällt. Nickl wird irgendwann das Geschäft der Eltern erben. Keine schlechte Partie also und in der Tat das Gegenteil zum genialen Dichter in der großen Stadt. Auch äußerlich: »Das Beste an ihm waren die Beine, die waren schön ausgestreckt und zügig vom Schwimmen. Sonst war er schwarz wie die Nacht, im Oberkörper ein wenig kurz und gedrungen. Seine Haut war wie Farnkraut gesprenkelt, wie die genarbte Haut von diesem mißfärbigen Kraut und hatte diesen scharfen Geruch vom tiefen gärenden Wald, man hätte ihn gut in den Wald stellen können, bis das Moos auf ihm wuchs, dorthin zu den Pilzen. Er war merkwürdig unrein und wuchernd, vom Kopf bis Fuß aus lauter Erde gemacht, seine Augäpfel waren beschlagen von einem gelben wolkigen Hauch. Schwer war seine Hand und sein Haar aus Pech eine Kappe, auch sein Blick war so zäh, er konnte sich an einen hängen, ging dann nicht mehr weg.«[9]

Cilly wird letztlich in der Provinz hängenbleiben, während der Dichter in der Großstadt und weit darüber hinaus seinen Weg machen wird. Noch einmal fährt Cilly zu ihm, als ihr Stück zur Aufführung kommen soll. Es provoziert einen veritablen Theaterskandal. Und der Dichter steht Cilly nicht bei. Stattdessen kommt Nickl zu ihr in die Stadt. Er will sie zurückholen. Sie ist noch nicht bereit.

Hat Marieluise Fleißer mit *Avantgarde* einen rein autobiografischen Text geschrieben? Handelt es sich hier um ihre eigenen Anfänge als Schriftstellerin? Natürlich, das ist unüberlesbar. Aber diese Geschichte ist viel mehr als eine autobiografische Erzählung. Es geht um das große Thema Kunst und Frau, in diesem Fall Literatur und Frau. Zu Marieluise Fleißers Verständnis von Literatur gehört, dass es sich beim Schreiben um eine Art Zauberei handelt. Ist der Zauberer ein Mann, so hat er es leicht. Er muss sich nicht verloben, muss nicht heiraten. Er kann Frauen haben, so viele er will. Er kann Kinder zeugen. Er bleibt dennoch frei. Viel schwerer mit der Freiheit hat es die dichtende Frau. Ist sie aber einmal infiziert vom Schreiben, gibt es kein Zurück. Wie soll die Frau die Lebensform finden, die zur schriftstellerischen Arbeit passt? Bereits eine Verlobung reißt sie heraus, eine Heirat erst recht. Die Welt ist noch nicht so weit, der schreibenden Frau die Luft zum Atmen zu lassen. Sie braucht den Mann, den Fürsprecher, den Unterstützer, und schon sitzt sie in der Falle.

Avantgarde erscheint 1963. Die Rezensionen fallen kontrovers aus, aber das kennt Marieluise Fleißer ja von früher, aus ihrer ersten Schreibphase. Immer wieder wird das Autobiografische hervorgehoben, der Text wird als Schlüsseltext gelesen. Immer wieder fällt der Name Brecht. Die Schauspielerin Therese Giehse schreibt am 16.1.1964 an Fleißer: »Vor Ihrem Buch ›Avantgarde‹ stehen meine Freunde in Flammen. Wirklich – besonders die Brecht-Tochter und Kurt Horwitz empfinden es als das Endgültigste, was über ihn geschrieben wurde.«[10] Brecht und immer wieder Brecht. Als habe Fleißer eine Erzählung über Brecht geschrieben. Als habe sie ihren Lesern seinen Charakter erklären wollen. Sie hat aber doch einen fiktionalen Text verfasst. Die Dramatikerin Kerstin Specht lässt Fleißer in ihrem Stück *Marieluise* von 2001 sagen: »Irgendwann / habe ich meine alte Existenz vergessen / irgendwann / habe ich vergessen / daß ich eine Dichterin bin / irgendwann / schon lange / hat mich die Welt vergessen.«[11]

Hatte Fleißer vergessen, dass sie eigentlich Dichterin ist? So die Interpretation Kerstin Spechts, die sehr plausibel erscheint. Das heißt aber nicht, dass Fleißer in jener Phase, in der sie nicht schrieb, keine Dichterin gewesen wäre. Das wird nun ganz deutlich. Auch wenn sie in aller Bescheidenheit das Autobiografische ihrer Texte betont und der Meinung ist, sie habe sich mit *Avantgarde* ein »Trauma von der Seele« geschrieben, ist ihr dennoch vor allem die Verwandlung in ein Stück leuchtende Literatur gelungen. Marieluise Fleißer weiß nun auf jeden Fall noch einmal ganz neu, dass sie eine Dichterin ist: »Es geht weiter / Ich tanze wieder / viel Zeit bleibt mir nicht / Das Publikum drängt herein / Man braucht Stühle / Noch mehr Stühle.«[12] So Kerstin Spechts Marieluise in dem gleichnamigen Stück. Es könnte die echte Marieluise Fleißer sein, die hier spricht.

1964 hat Marieluise Fleißer an der Münchner Universität eine Lesung aus ihrem Werk. Sogar die »Süddeutsche Zeitung« berichtet darüber. Fleißer erntet für ihre Prosa viel Lob, schließt Bekanntschaften, knüpft neue Freundschaften. Ein wichtiger Freund und Förderer wird Joseph Breitbach, deutsch-französischer Schriftsteller und großer Förderer vor allem junger Talente. Die Bayerische Akademie der Künste nimmt Marieluise Fleißer als ordentliches Mitglied auf und damit kann sie mitentscheiden über die Vergabe des Literaturpreises der Akademie. Sie entpuppt sich auch hier wie so oft als Leserin mit außergewöhnlichem Feingefühl für Besonderes. Und so setzt sie sich 1965 dafür ein, den Preis dem sehr eigenwilligen Autor Wolfgang Koeppen zuzuerkennen. »Sein Tiefenblick stößt in verborgene Schichten hinunter und meldet das Schwelende, aus dem sich die unkontrollierbaren Brände entfachen.«[13] Es klappt: Nach intensiven Diskussionen bekommt Koeppen den Preis. Seine große Schreibphase war in den 50er Jahren, nun hat er schon lange keinen Roman mehr publiziert. Die Leserin Marieluise Fleißer hat aber nicht vergessen, dass es sich um einen bedeutenden Schriftsteller handelt. In ihrem Urteil ist sie immer wieder erfrischend unkonventionell.

Im Winter 1969/70 schreibt die 68-jährige Fleißer einen Aufsatz über den Skandalautor Jean Genet, der im Oktober 1971 in »Akzente« erscheint. »Jean Genet ist eine einzige Herausforderung und einer der abgründigsten Menschen, ein tiefer Denker.«[14] Vielleicht ist gerade dieser Text sogar autobiografischer als *Avantgarde*, obwohl auch hier wieder das eigentliche Thema die Literatur ist – wie sie aus dem Dunkel ins Helle hineinwächst und auf einmal sichtbar wird. »Das Eingesperrtsein ist nützlich für die Konzentration eines Mannes, der mehr als die anderen anfällig ist und hier nur wenig abgelenkt wird.«[15] Wie viele Jahre war nicht auch Fleißer selbst auf andere Art eingesperrt, als Verkäuferin im Tabakwarenladen ihres Ehemannes Bepp Haindl in Ingolstadt. Die große Bedeutung des Fiktionalen in Fleißers scheinbar rein autobiografischen Texten hat Hiltrud Häntzschel in ihrer Fleißer-Biografie von 2007 sehr differenziert herausgearbeitet. Über die Beziehung Jean Genets zu Fleißer schreibt sie: »Genets ›Journal du Voleur‹ ist kein Tagebuch im Sinne chronikalischer Notate von Fakten und Ereignissen, es ist die poetischste Konstruktion einer Legende, der Legende des Poeten der ›Schönheit des Verbrechens‹. Wie verwandt ist Fleißer dieser Umgang mit Fakten und Legenden im fiktionalen Text.«[16]

Dass Fleißer in der literarischen Öffentlichkeit wieder präsent ist, zeigen auch die vielen Ehrungen anlässlich ihres 70. Geburtstages. Im Bayerischen Rundfunk wird ein filmisches Porträt der Schriftstellerin ausgestrahlt. Eigentlich wäre endlich eine Gesamtausgabe fällig, von deren Veröffentlichung sich schließlich der Suhrkamp-Verleger Siegfried Unseld überzeugen lässt. Mit dem Herausgeber Günther Rühle stellt Fleißer ihre Texte zusammen, wobei sie überkritisch alles immer wieder umarbeitet, da sie nie zufrieden ist mit der Arbeit früherer Jahre. Ihre Texte erscheinen ihr nun zu brav, zu wenig der darzustellenden Wirklichkeit angemessen. Sie schreibt »für alle Aufgeschlossenen, die bereit sind, den Druck und die Ungerechtigkeit zu erkennen im Alltäglichen, im gar nicht einmal so Seltenen, in Wirklichkeit Perfiden.«[17] Gesellschaftskritischer denn je gibt sie sich und grenzenlos selbstkritisch.

1969 verfasst Fleißer einen Text, der an ihre ersten Jahre in München, die Begegnung mit Brecht und Feuchtwanger und den Kammerspielen erinnern soll. Über Lion Feuchtwanger schreibt sie darin: »Weil sein Gesicht vom Affen abstammte, hat er den Roman der Herzogin Maultasch geschrieben, so entstehen die Dinge.«[18] Feuchtwanger war damals, als Fleißer eine junge, aufstrebende Theaterautorin war, ihr erster Kontakt zur literarischen Szene Berlins. Er hatte sie mit Brecht bekannt gemacht. Das Autobiografische, das Faktische ist im Fleißer'schen Erzählfluss immer mit Fantasie angereichert. Das eigene Leben lesbar machen, heißt für die Schriftstellerin, es zu verwandeln. Fleißer leidet darunter, dass ihr Faktengedächtnis nicht mehr so gut funktioniert wie früher. Für ihre Leser ist dies jedoch kein Mangel, im Gegenteil: Umso lebendiger sind die Texte. Es spielt keine Rolle, ob Fleißer sich mit Jean Genet oder mit dem frühen Brecht auseinandersetzt. Schreibend kriecht sie in diese Personen hinein und stülpt nach außen, was an Widerständigem zu finden ist. Denn das Widerständige ist ein Teil von ihr. Am Rand stehen, zuschauen und doch auch mittendrin sein, unbemerkt. Symptomatisch für diese Art In-der-Welt-Sein sind Fleißers Besuche auf dem Dürrnhof. Vor allem an Silvester feiert der Landwirt Richard Scheringer mit seinen Freunden aus der linken Szene gern auf seinem Hof. Die meisten der Gäste sind Künstler und Intellektuelle. Irgendwie gerät Fleißer in diesen Kreis. Sie scheint Vergnügen zu haben daran, auch wenn sie sich im Hintergrund hält und eher zu den Stillen gehört. Ihre flinken Augen lassen nichts Spannendes außer Acht. Hinzu kommt, dass Fleißer etwas nachzuholen hat, was sie so viele Jahre lang versäumen musste: Leichtigkeit, Feierlaune, sich ein wenig verwöhnen lassen.

Fleißers Gesamtausgabe erscheint 1972. Die Kritik ist angetan, ja sogar fast einhellig begeistert. Die Ehrungen werden nicht weniger. 1973 wird Fleißer zum ordentlichen Mitglied der Berliner Akademie der Künste gewählt.

Diese aufregenden Zeiten sind Marieluise Fleißers Gesundheit offensichtlich nicht zuträglich. Ihre Herzprobleme mehren sich. Häufige Krankenhausaufenthalte sind die Folge. Fleißer stirbt am 2. Februar 1974.

Alles, was Fleißer geschrieben hat, seien es Stücke, Prosa oder Essays ist eine ganz eigentümliche, sprachlich äußerst virtuose, blitzgescheite und ungeahnte Einsichten befördernde Literatur. Gerade im Alter hat Fleißer das noch einmal bewiesen. Und immer wieder reizt sie junge Regisseure und Regisseurinnen, sich mit ihr zu befassen. 2013 hat die junge Regisseurin Susanne Kennedy in den Münchner Kammerspielen eine fulminate Inszenierung von *Fegefeuer in Ingolstadt* auf die Bühne gebracht. Beim Berliner Theatertreffen erhielt sie dafür den 3sat-Preis. Kennedy ist der Meinung, Fleißers Sprache produziere Bilder, die im Fall von *Fegefeuer in Ingolstadt* beinahe archaisch seien. Die Sprache komme wie aus verrenkten Körpern. Das gebe diesem Stück etwas Überzeitliches. Vielleicht hat Marieluise Fleißer das an Fassbinders Inszenierung der *Pioniere in Ingolstadt* gefehlt: dieses Bildererzeugende der Sprache. Der alten Marieluise Fleißer hätte diese neue, irritierende Auseinandersetzung mit ihrem früher so umstrittenen Stück bestimmt gefallen.

Marie Luise Kaschnitz (1901–1974):

In eine Ordnung wollte ich es nicht bringen

Im Jahr 1958, nachdem Marie Luise Kaschnitz' Mann Guido gestorben ist, fühlt sie eine Veränderung, die sie auch mit dem einsetzenden Alterungsprozess in Zusammenhang bringt. Seit 1925 war sie mit dem Archäologen und Kunsthistoriker Guido Freiherr Kaschnitz von Weinberg verheiratet gewesen. Seit 1941 haben die beiden vorwiegend in Frankfurt am Main gewohnt. Marie-Luise Kaschnitz behält diesen

Wohnort bei, besucht aber häufig den Ort ihrer späten Jugendzeit: Bollschweil im Breisgau, wo sie seit 1918 als Freiherrin von Holzing-Berstett lebte und wo das Gut der Familie steht. Der Verlust des geliebten Mannes geht einher mit einer Art Weltverlust. Die 57-jährige Dichterin spürt eine Verlorenheit, die sie zunächst nicht ausdrücken kann. Für diesen neuen, bedrückenden Zustand muss sie erst die Worte suchen. Sie findet sie zum Beispiel in ihrem nach dem Tod ihres Mannes entstandenen Gedicht *Requiem*.

> Denn es gab eine Zeit
> Da ich dich nicht kannte
> Es gibt eine Zeit
> Da du nicht mehr bei mir bist
> Diese sind nicht zu verwechseln.[1]

In jener Zeit, als sie ihren Mann noch nicht kannte, war sie jung. Nun ist er nicht mehr da und sie wird alt. Auch das Alter ist etwas Neues. Sie versucht, sich im Zwischenreich zwischen der Sehnsucht zu sterben und dem Wunsch weiterzuleben, einzurichten. In ihren Tagebuchaufzeichnungen *Wohin denn ich*, die 1963 erscheinen, wird deutlich, was Altern für Kaschnitz bedeutet. »Das am sorgfältigsten gehütete Geheimnis ist nicht die Tatsache des Alterns, sondern daß man weiß, was da vor sich geht, daß man nicht selbst, sondern die Welt langsam abzusterben beginnt, und was man eines Tages zu gewärtigen hat, nämlich Greisengier oder Appetitlosigkeit, Schlaflosigkeit oder greisenhaftes Einnicken mitten am Tag.«[2] Kaschnitz spricht aber auch über die »Großartigkeiten« des Alters und nennt »Entpersönlichung« und »Weite der Sicht«. Es ist in ihren Augen eine Zeit des Alleinseins, die die Fantasie beflügeln kann. Kaschnitz sieht unter den älteren Menschen mehr Träumer als »Erinnerer: »Die Wanderfreiheit der alten Gedanken wird nicht genug gerühmt, auch nicht die tragische Größe der letzten Male, etwa wenn ein Professor am Ende seiner Vorlesung aufschreckt und bemerkt, daß er zum letztenmal zu jungen Leuten gesprochen hat, wenn ein Angestellter seinen Schreibtisch ausräumt und seine Schlüssel abgibt.«[3]

In den ersten Jahren nach dem Tod ihres Mannes kommt es für die Schriftstellerin zunächst darauf an, noch einmal so etwas wie »Lebensvertrautheit« wiederzufinden. Sonst käme das Alter rasend schnell. Die Spannung zwischen Todessehnsucht und Lebenswillen hält sie für lange Zeit gefangen. Die Liebe war für Marie-Luise Kaschnitz der Boden, auf dem sie sicher stehen konnte. Nun gähnt an dieser Stelle ein Abgrund. Nichts hat mehr Bestand, alles wackelt.

In *Du sollst nicht* findet sie Bilder für diese Empfindung.

Du sollst mir nicht zusehen wenn
Meine Fratzen den Spiegel zerschneiden
Wenn ich mich umdrehe nachts
Fensterwärts Wandwärts
Und die Leintücher seufzen.

Du sollst nicht sehen wie ich mich vorwärtstaste
Blind an der Kette meiner Niederlagen
(Auch an diese kann man sich halten)

Noch anwesend sein
Wenn ich meine pathetischen Verse lese.[4]

Marie Luise Kaschnitz muss sich noch einmal neu dessen vergewissern, was Schreiben für sie bedeutet. Im
Tagebuch aus dieser Zeit notiert sie, dass es vor allem
auf die Erinnerung ankäme. Und so reist sie 1959 mit
ihrer Tochter Iris nach Italien, genauer nach San Feli-
ce Circeo, wo sie mit ihrem Mann glückliche Wochen
erlebt hatte. Im Anschluss an diesen Italien-Aufenthalt
schreibt sie eine Geschichte: *Am Circeo.* Wirklich
sehen, hinschauen müsste man wieder lernen, wünscht
sich die Ich-Erzählerin, das würde das Weiterleben
erleichtern. Doch der Gedanke an die Toten und die
eigene Einsamkeit macht es schwer, zu einem lebendigen Sehen zurückzukehren. Ein weiterer Strang der
Geschichte ist die Beziehung einer Mutter zu ihrer
Tochter. »Ich muss verbergen, daß ich dir, einem Toten,
angehöre und damit dem Tod. Sie darf nichts mehr zu
hören bekommen von unserer Liebe, von dieser ein-
zigartigen Beziehung zweier Menschen, die ihr
schließlich als etwas Grauenhaftes und Unmenschli-
ches erscheinen muß.«[5] Diese Mutter hat ein schlechtes Gewissen ihrer Tochter gegenüber, weil sie sich ihr
bis ins Totenreich hinein entzieht, dorthin, wo der
Geliebte jetzt wohnt.

Trotzdem hat das Ich der Erzählung den Eindruck,
sich auf dem Weg zurück ins Leben zu befinden. Es ist,
als würden die Ohren wieder aufwachen, um ganz
neue Geschichten zu hören. Dazwischen aber taucht
immer wieder die Frage auf, warum ein Neuanfang
überhaupt sinnvoll sein sollte. Lange dachte Kaschnitz,

es gäbe nur die gemeinsame Lebensgeschichte, und nun soll ihre Biografie ohne den Geliebten ihren Fortgang nehmen? »Das Interesse, das ich neuerdings an Menschen und Dingen nehme, wird mir schon zuviel. Ich will nicht, daß meine Phantasie sich regt, ich will mir nichts ausdenken, erst recht keine Freude empfinden, dich nicht verlassen in deinem Alleinsein, deiner Machtlosigkeit, deiner Stummheit, die sich nicht mitteilen kann.«[6] Die Ich-Erzählerin ist froh, wenn sie abends allein sein kann, ein Niemand, von niemandem gesehen. In der Absonderung herrscht das Dunkel vor und wenn es einen Neuanfang geben soll, dann nicht ohne die Erfahrung dieses Dunkels. Sollte Kaschnitz wieder schreiben, dann würde der Ton ein anderer sein. »Weiterschreiben, weiterleben, mit schwererem Mut als bisher.«[7] Zuerst würde das Schreiben kommen und aus dem Schreiben heraus wäre es möglich zu leben. Kaschnitz weiß genau, dass es Worte sein würden, die die Erlösung von dieser tödlichen Apathie brächten.

Jeden gelüstet es einmal
Sich vor dem Spiegel
Abzubilden, Kopf oder ganze Figur
Da ist doch jemand
Dem man stündlich wieder begegnet:
Ein Mensch.

Also auch ich
Tu es mit sechzig Jahren
Blicke mein Spiegelbild an
Ohne Widerwillen

Mit wenig Liebe.
Diese meine Person
Von mittlerer Größe
Vergleichsweise schlank in den Hüften
Mit beträchtlicher Brust
Kurzhalsig leider
Und hält sich schlecht
Man hätte ihr einen Krug
Auf den Kopf stellen sollen
Hat sie denn keinen Stolz?

Rück mir näher, Person
Zeig dein junges üppiges Haar
Deine noch rosige Haut
Die aufdringlich dunkeln Brauen.[8]

Im Zwiegespräch mit sich selbst, im genauen Hinschauen, was war und was ist, entwirft Kaschnitz sich eine Zukunft aus Worten. Ansonsten sucht sie die Abgeschiedenheit. Anlässlich ihres runden 60. Geburtstages muss die Dichterin allerdings den Journalisten natürlich Rede und Antwort stehen, ob sie will oder nicht. Auf eindeutige Fragen weiß sie keine eindeutigen Antworten. Obwohl sie alt sei, kenne sie den Sinn des Lebens nicht. Sie wisse nicht, wo sie zuhause sei, habe ein zwiespältiges Gefühl dem Tod gegenüber. Nein, Vorbild für andere könne sie nicht sein.

Im Jahr 1962 unternimmt die 61-jährige Kaschnitz eine dreimonatige Lese- und Vortragsreise nach Südamerika. In Brasilien trifft sie einen Freund aus Studienzeiten wieder: Gottfried von Nostitz, Generalkonsul in São Paulo. Mit ihm zusammen macht sie Touren in den Urwald.

Im selben Jahr erscheint ihr Gedichtband *Dein Schweigen – meine Stimme*, 1963 kommen die Aufzeichnungen *Wohin denn ich?* heraus. In beiden Büchern bildet der Tod ihres Mannes Guido das Zentrum. Am Ende von *Wohin denn ich* schreibt Marie Luise Kaschnitz über das Alter: »Mein Alter hatte die Faszination des Auf-der-Erde-Seins nicht beeinträchtigt, aber es hatte mir auch keine Sicherheit gegeben, ich war noch immer unmündig, stand noch immer nicht auf festem Grund ... Immerhin hatte ich gelernt, die nach meiner Rückkehr aus dem Totenland neu vor mir auftauchende Welt als fragwürdig zu betrachten, hatte ihr also eine Würde gegeben, die sie für den Stumpfsinnigen, Gleichmütigen, nicht besitzt.«[9] Dabei waren die Erfahrungen mit dem Tod nicht auf Guidos Sterben beschränkt: Kaschnitz' Schwägerin Mady starb, ihre Lieblingsschwester Lonya erkrankte unheilbar an einem Hirntumor und starb ebenfalls. Ihr geliebtes Dorf Bollschweil ist zu einem Ort der Trauer geworden. In Kinder- und Jugendtagen waren sie zu dritt, Mady, Lonya und sie selbst, eng miteinander verbunden, nun sind zwei bereits gestorben. 1966 veröffentlicht Kaschnitz *Beschreibung eines Dorfes*. Sie geht darin methodisch besonders raffiniert vor. Diese Beschreibung eines Dorfes soll ein Vorhaben sein, wird also in der Zeitform des Futurs niedergeschrieben werden. Die Dichterin schätzt, sie werde etwa einundzwanzig Tage brauchen. »Eines Tages, vielleicht sehr bald schon, werde ich den Versuch machen, das Dorf zu beschreiben.«[10] Diese Beschreibung ist ein Entwurf und als dieser gültig. Die Schilderung des Vorhabens einer Erzählung ist das Ergebnis.

Das Haus Nr. 84, Kaschnitz' Haus, wird darin nicht direkt beschrieben, aber umkreist. Die Erzählung nähert sich diesem lediglich an: »An meinem zwanzigsten Arbeitstag werde ich darüber nachdenken, warum ich das Haus Nr. 84 nicht beschreiben will, nur von außen, nicht eintreten, …«[11] Kaschnitz beschreibt dann aber all die Möglichkeiten, durch die man eintreten könnte. Aber man wisse eben alles nur von außen. Ein Rettungsversuch der Dichterin: Durch die Betrachtung von außen hilft sich die Schriftstellerin selbst heraus aus ihrem inneren Verkapseltsein und ihrem Ausgeliefertsein an den Schmerz. Aber beeindruckend vor allem ist, wie sie das macht und was sie ihren Leserinnen und Lesern auf diese Weise nahebringt: Landschaft, Vegetation, die Jahreszeiten und immer wieder die Menschen, die in der Gegend in und um Bollschweil lebten und leben, starben und sterben. Marie Luise Kaschnitz hat es geschafft, aus ihrer Trauerhöhle herauszukriechen. Einen gewichtigen Anteil daran allerdings hat auch ihr neuer Verleger, Siegfried Unseld. In seinem Suhrkamp Verlag erscheint von nun an alles, was Kaschnitz schreibt. Sie nennt ihn den »Großen Siegfried«.

Die Dichterin lernt in den sechziger Jahren, die ja auch ihre eigenen Sechziger sind, viele Kolleginnen und Kollegen kennen, die fast alle bei Suhrkamp publizieren, wie Alexander Kluge, Helmut Heißenbüttel, Thomas Bernhard, Max Frisch und Hans Magnus Enzensberger. Paul Celan widmet ihr seinen Gedichtband *Atemwende*. Sie macht die Bekanntschaft von

Peter Weiss und Wolfgang Hildesheimer. Neue Freundschaften entstehen. Es ist ein großer Vorteil, in diesen Jahren in Frankfurt zu wohnen, da sich dort die literarische Elite Deutschlands trifft. Kaschnitz lernt auch das neue Theater kennen, sieht Stücke von Arrabal, Handke und Beckett. Sie führt kein zurückgezogenes Leben, sondern reist, liest in vielen Städten aus ihren Büchern, bekommt Preise und Orden. Auch wenn sie ihrer Tochter Iris schreibt, dass ihr all diese öffentliche Aufmerksamkeit ganz und gar nicht behage, beteiligt sie sich doch rege am öffentlichen kulturellen Leben. Das hat sogar den Anschein, als bereite es ihr Freude. Außerdem engagiert sich Marie Luise Kaschnitz mit ihren Kollegen zusammen politisch. Sie demonstriert gegen die Notstandsgesetze und bekundet offen eine Nähe zur SPD, indem sie Willy Brandt ihre Unterstützung zusagt. Das alles würde nicht funktionieren, wäre Kaschnitz die öffentlichkeitsscheue Dichterin, als die sie sich zuweilen präsentiert. Mittlerweile ist sie wieder angekommen im Leben und scheint präsenter zu sein denn je.

Der Freund, der Kaschnitz intellektuell am stärksten herausfordert, ist der Philosoph Theodor W. Adorno. Auf langen Spaziergängen diskutieren die beiden über die künstlerischen, politischen und gesellschaftlichen Herausforderungen der Zeit. Adorno versteht es, die Dichterin immer wieder zu provozieren, sie anzutreiben, sich mit den brennenden Zeitproblemen auseinanderzusetzen. Kaschnitz denkt auch nach über Adornos Rede von der Unmöglichkeit, nach Auschwitz noch ein Gedicht zu schreiben. Kaschnitz sieht das für sich anders. Sie versucht, in ihre Gedichte gerade das aufzunehmen, wogegen sich eine humane Gesellschaft wehren sollte.

1966 erscheint ein neuer Band mit Erzählungen von Marie Luise Kaschnitz: *Ferngespräche*. Darin beschwört sie die Ferne im nahen Zusammenleben der Menschen. Am eindringlichsten gelingt ihr dies in der Erzählung *Eisbären*, bei der ein Ehepaar im Mittelpunkt steht. Während der Mann die Ahnung hat, seine Frau liebe gar nicht ihn, sondern einen Jugendfreund, hat sie schon längst von dieser alten Liebe Abschied genommen und liebt ihren Mann tatsächlich. Die beiden können einander nicht verstehen und sind verstrickt in ein Spiel aus Nähe und Ferne.

In einer anderen Geschichte erzählt Kaschnitz von einer anderen Art der Ferne, die zugleich Nähe ist. Die Hauptfigur ist ein unheimlicher Vogel, der der Ich-Erzählerin Angst macht: *Vogel Rock*. »Kurz vor drei Uhr bemerkte ich den Vogel in meinem Zimmer. Kurz vor drei Uhr nachmittags, ein schöner Tag im September, draußen schien die Sonne, also nichts von Dämmerung oder unheimlicher Stimmung, keine Spur.«[12] Ganz unvermittelt tritt das Unheimliche ins Leben der Ich-Figur und nimmt Platz darin.

Es scheint, als würde Marie Luise Kaschnitz immer wacher werden für alle Aspekte der Wirklichkeit: für Inneres, Seelisches, die Abgründe im Menschen ebenso wie für das Draußen, die Welt, Gesellschaft, Politik. Ohne ihre tägliche Zeitungslektüre kann sie nicht sein. Das Alter sieht sie als große Möglichkeit, weiter zu blicken, intensiver zu sehen und dann das Gesehene zu formen. Der Drang, sich künstlerisch zu betätigen, ist bei ihr nun stärker denn je.

Die Tochter der Dichterin, Iris, heiratet im Mai 1970. Eigentlich hat Kaschnitz sich gerade das lange schon gewünscht. Sie hätte niemals gedacht, dass ein solches Ereignis einen derart intensiven Einschnitt bedeuten würde. Iris' Mann hat bereits zwei Kinder aus erster Ehe, die Iris nun versorgen muss. Sie ist durch ihre neue Familie stark in Anspruch genommen und hat nun nicht mehr so viel Zeit für ihre Mutter, kann nicht mehr einfach alles stehen und liegen lassen, um auf Reisen zu gehen. Iris hatte lange Zeit in Rom gelebt, eine willkommene Gelegenheit für Kaschnitz, ihre Tochter dort immer wieder zu besuchen. Damit ist es nun vorbei, denn die junge Familie hat sich in München niedergelassen. Kaschnitz kämpft nun als fast Siebzigjährige, wohl durch die neue Situation ihrer Tochter hervorgerufen, mit ihren Schuldgefühlen. Sie ist der Meinung, sie selbst sei nicht ausreichend ansprechbar gewesen für ihre Tochter. Merkwürdig, dass eine derart intensiv mit ihrem Beruf verwachsene Frau so sehr leiden kann unter dem Gefühl, als Mutter versagt zu haben. In einem unveröffentlichten Gedicht wird wunderbar ausgeleuchtet, was es für Kaschnitz immer bedeutet hat und noch immer bedeutet, in einen engen familiären Zusammenhang gestellt zu sein.

Immer noch will ich
Ein Aufhebens machen
Vom Tod von der Liebe
Und auf den geäderten
Marmor des Tisches
Ins Weiße euch schreiben
Abendbrotzeit.[13]

In den letzten Lebensjahren lebt Kaschnitz in der Nähe des von ihr sehr verehrten Dichters Peter Huchel, der in einem Nachbarort von Bollschweil, in Staufen, wohnt. Die beiden sehen sich häufig, es entsteht eine wunderbare Freundschaft.

Das letzte Buch der Dichterin heißt *Orte*. Es enthält tagebuchartige Texte zu Persönlichem, zu Geschichte, Kunst, Politik. Und sie schreibt darin auch immer wieder über den Tod. Dass er in ihrem gesamten Werk präsent sei, sie aber im Alltag nicht an ihn denke. Dass Kaschnitz noch immer Tagebuchschreiberin ist, beweist, wie reflektiert sie auch im Alter lebt und beobachtet. »Hier steht, was mir eingefallen ist in den letzten Jahren, nicht der Reihe nach, vielmehr einmal dies, einmal das, und in eine Ordnung wollte ich es nicht bringen, obwohl doch das Leben seine Ordnung hat, seine Reihenfolge, seinen Anfang, seine Mitte, und dem Ende zu.«[14] Aber die Erinnerung ist nicht »ordentlich«, das Gedächtnis arbeitet auf seine Weise. Kaschnitz schreibt über Orte, die sie kennt und solche, die sie wahrscheinlich nie kennenlernen wird. Rom, der Luftschutzkeller in Karlsruhe, der Kreißsaal, ein Buchsbaum, das Esszimmer in Potsdam, das Obstgut Nagelshausen. Sie schreibt auch über ihr schlechtes Gewissen, klagt sich an, nichts getan zu haben gegen das Elend in der Welt. Nur geschrieben habe sie, aber wem nütze das? »Es ist heiß, meine Füße mahlen im Sand und hinterlassen doch keine Spur.«[15] Immer wieder denkt sie nach über ihren Mann: »Wie du warst, eigentlich frage ich mich manchmal und möchte dein Wesen erfassen, auch schildern, um nicht am Ende doch Wichtiges aus dem Gedächtnis zu verlieren.

Auch um dich weiterleben zu lassen, weil jetzt, ein Dutzend Jahre nach deinem Tode, bereits niemand mehr nach dir fragt, was mich erstaunt und betrübt.«[16]

Diese Aufzeichnungen sollen eigentlich nicht das Letzte sein, was Marie Luise Kaschnitz zu Papier bringt. Sie hat viele Pläne. Sie beschäftigt sich intensiv mit Brecht und Fleißer, setzt sich mit der bundesrepublikanischen Politik auseinander. Ihr Freundeskreis wächst. Der Philosophieprofessor Werner Marx, der eine Wohnung im oberen Stockwerk des Gutshauses in Bollschweil bezogen hat, macht lange Spaziergänge mit ihr.

Im Herbst 1974 reist sie mit ihrem Bruder einmal wieder in ihr geliebtes Italien. Sie weiß, sie sollte es mit dem Schwimmen nicht übertreiben, vor allem nicht in einem solch kühlen Herbst wie in diesem Jahr.

Behaltet im Ohr
Die Brandung
Irgendeine
Mediterrane
Die Felsenufer
Jauchzend und donnernd
Hinab
Hinauf.[17]

Beim Schwimmen im Mittelmeer holt sich die 73-jährige Marie Luise Kaschnitz eine Lungenentzündung. Sie stirbt am 10. Oktober in Rom.

Simone de Beauvoir (1908–1986):

Das Alter verändert unser Verhältnis zur Zeit

Simone de Beauvoir fühlt schon sehr früh das Alter nahen. Mit etwa vierzig Jahren hat sie den Eindruck, längst nicht mehr wirklich jung zu sein und mit fünfzig denkt sie intensiver denn je über Tod und Vergänglichkeit nach. Sogar eine ihrer Lieblingsbeschäftigungen, das Reisen, kommt ihr beschwerlicher vor. Ein wenig befremdlich klingt das, aber keineswegs erschreckend, denn Denken und Schreiben verlieren trotzdem nichts von ihrer Faszination und ihrem Zauber.

Eine Ursache für Beauvoirs Neigung, sich dem Abschiednehmen immer exzessiver zu widmen, lässt sich mit Sicherheit vor allem in der fragilen Gesundheit ihres langjährigen Geliebten, Gefährten und Gesprächspartners Jean-Paul Sartre finden. Mit 21 Jahren hat Beauvoir ihn kennengelernt und seither sind sie ein unzertrennbares Gespann, auch wenn beide nie zusammen wohnen und weitere Liebesbeziehungen haben. In den späten 1960er Jahren wird es unübersehbar: Der starke Tabak- und Alkoholkonsum hat Leber und Herz angegriffen, was Sartre in seiner körperlichen Mobilität und später auch in seiner geistigen Klarheit einschränken wird, von den alkoholbedingten psychischen Veränderungen abgesehen. Der Tod erscheine den Menschen fremd und feindselig, obwohl er der Sinn des Lebens sei, konstatiert die 55-jährige Beauvoir bereits 1963 in *Der Lauf der Dinge*.

1952 lernt Beauvoir den Dokumentarfilmer Claude Lanzmann kennen und lieben. Er ist der einzige Mann, mit dem sie eine Zeitlang in einer gemeinsamen Wohnung lebt. Diese Beziehung dauert bis 1958. Für Beauvoir war sie eigenen Worten zufolge »das letzte Seil, das mich von meinem wirklichen Alter trennte.«[1] Im Epilog zu *Der Lauf der Dinge* reflektiert Beauvoir über das Alter und die Möglichkeit, neue Anfänge zu wagen. Sie ist überaus selbstkritisch: »Ich hasse mein Spiegelbild: über den Augen die Mütze, unterhalb der Augen die Säcke, das Gesicht zu voll, und um den Mund der traurige Zug, der Falten macht. Die Menschen, die mir begegnen, sehen vielleicht nur eine Fünfzigjährige, die weder gut noch schlecht erhalten ist. Sie hat eben das Alter, das sie hat. Ich aber sehe meinen früheren Kopf, den eine Seuche befallen hat, von der ich nicht mehr genesen werde.«[2] Den Beginn des Sterbeprozesses sieht Beauvoir mit etwa fünfzig Jahren. Natürlich übertreibt sie in solchen Äußerungen, denn in den Folgejahren erscheinen viele weitere Bücher: für eine eigentlich schon Sterbende eine fulminante Produktion. Sie macht weiter im eingespielten Rhythmus, jeweils im Abstand von etwa zwei Jahren kann man mit einem neuen Werk rechnen. Außerdem engagiert sich Beauvoir politisch, vor allem frauenpolitisch, und schreibt beispielsweise Vorworte zu Schriften über Verhütung. Schließlich ist sie berühmt geworden durch ihr 1949 erschienenes Buch *Das andere Geschlecht*. Zum Zeitpunkt des Erscheinens war sie 41 Jahre alt, ihrer Einschätzung nach also gerade noch nicht auf der Schwelle zum Alter. Auch das Reisen gibt sie keineswegs auf, im Gegenteil. 1962 fliegen Beauvoir und Sartre nach Moskau, wohin sie vom sowjetischen Schriftstellerverband eingeladen wurden. Auf der Rückreise machen sie in Warschau Halt. So richtig kann man Beauvoir die Rede vom fortschreitenden Alterungsprozess also nicht glauben, es scheint sich mehr um ein Auf und Ab zu handeln, um sich wandelnde Stadien der Energie. Was sie auf jeden Fall mit Mitte 50 als eine wertvolle Tatsache zugeben muss, ist die, endgültig und ganz im Schriftstellerberuf angekommen zu sein. Ein Leben ohne Schreiben kann sie sich nicht mehr vorstellen. »Zweifellos sind die Worte, die universellen, die ewigen Worte, alle in jedem einzelnen gegenwärtig und das einzige Transzendente, das ich erkenne und das mich bewegt. Sie vibrieren in meinem Mund, und durch sie kommuniziere ich mit der Menschheit. Sie entreißen dem Augenblick und seiner Zufälligkeit die Tränen und verwandeln die Nacht und sogar den Tod.«[3]

Worte und Sätze für die eigenen Erfahrungen zu finden, ist eine schriftstellerische Grunderfahrung. Simone de Beauvoir begleitet ihr Leben Tag für Tag nachdenkend und schreibend. Ende 1963 ist es das Sterben ihrer Mutter, das sie festhält, indem sie ein Buch schreibt mit dem Titel *Ein sanfter Tod*. Es erscheint 1964. Dass ihre Mutter das Leben geliebt habe, wie sie selbst es liebe, und dass sie dem Tod gegenüber das gleiche Aufbegehren gezeigt habe, schreibt die 56-jährige Beauvoir am Schluss des schmalen Textes. Beauvoir überrascht viele ihrer Leserinnen und Leser mit der These, ihre Mutter sei den Tod einer Privilegierten gestorben. Sie habe stets eine liebevoll pflegende Person in ihrer Nähe gehabt und sei nicht wie so viele andere Sterbende der Krankenhaussterilität ausgesetzt gewesen. Simone de Beauvoir verdrängt nicht. Sie registriert minutiös die körperlichen und geistigen Veränderungen, bei sich selbst und bei anderen. Das ist Beauvoir, wie man sie kennt: Nie grenzt sie einen Bereich der Intimität ab gegen das Leben in der Gesellschaft. Das Private bekommt bei ihr immer auch einen Anteil an der Öffentlichkeit, erstreckt sich in die Leben anderer Menschen, vor allem der Unterprivilegierten, hinein.

Simone de Beauvoir verdrängt nicht. Sie registriert minutiös die körperlichen und geistigen Veränderungen, bei sich selbst und bei anderen. Sie kann das, weil sie das Schreiben als die ihr angemessene Ausdrucksform längst schon gefunden hat.

In der Gestaltung der Beziehung zu Sartre ist es zu Veränderungen gekommen: Beauvoir schätzt in der dritten Lebensphase ihre Unabhängigkeit stärker und setzt sie auch durch. Auf Reisen hat sie häufig ihr eigenes Programm. Unter anderem trifft sie sich mit Frauengruppen, um aktuelle Fragen und Probleme zu diskutieren.

1968 wird Simone de Beauvoir sechzig Jahre alt. Im selben Jahr erscheint ein Band mit drei Erzählungen: *La Femme Rompue (Eine gebrochene Frau)*. Im Zentrum jeder der Erzählungen steht eine Frau, die an einem Punkt ihres Lebens steht, an dem es nicht weiterzugehen scheint. Misserfolge im Beruf, die Untreue des Geliebten, scheinbare Alltagsgeschichten, die jedoch einen weiteren Horizont eröffnen. Beauvoir legt in diesem Buch Erzählungen vor, die sehr stark von Reflexionen durchzogen sind. Als würde die Schriftstellerin angetrieben werden durch das starke Bedürfnis, Klarheit darüber zu gewinnen, was das Alter mit den Frauen macht und was es heißt, wenn zum Älterwerden die Angst vor der Einsamkeit hinzukommt, wenn zum Beispiel der Ehemann eine Geliebte hat und seine Ehefrau nach langen Ehejahren verlässt. In der ersten der drei Erzählungen denkt eine alternde Schriftstellerin über ihr Leben nach, das ihr in vielen Punkten gescheitert zu sein scheint, persönlich, aber auch künstlerisch. Das Ergebnis ihres Nachdenkens besteht in der Einsicht, dass Schriftsteller nach dem sechzigsten Lebensjahr nur noch von Wiederholungen leben würden. Für alle drei Protagonistinnen in diesen Erzählungen sieht die Zukunft düster aus. Wie steht es mit Beauvoirs eigenem Inneren? Gibt es Parallelen zu den Figuren? Empfindet auch sie Verbitterung und Resignation? Bisher gab es keine Phase in Beauvoirs Leben, in der sie völlig in sich zusammensackte, keine Lust mehr verspürte auf neue Projekte. Sie schmiedet weiterhin Pläne für die kommenden Jahre. Ein Unterschied allerdings besteht zu früher: Sie arbeitet viel stärker im Bewusstsein der eigenen Endlichkeit. Dennoch ist sie noch immer der Überzeugung, dass Menschen nicht einem blinden Schicksal ausgeliefert sind, sondern sich selbst in dem, was sie denken und tun, erschaffen. Und so hat sie weiterhin Freude daran, sich zu beobachten, auch von außen zu sehen, nicht nur Subjekt, sondern auch Objekt zu sein. Nun, da sie eine lange Lebenszeit hinter sich hat, möchte sie schreibend ihr Leben in der Rückschau noch einmal präsent machen und arbeitet an einem Memoirenprojekt. Sie hat vor, ihre Kindheit und Jugend zu beschreiben, um besser zu verstehen, wie sie die geworden ist, die sie nun ist, verbunden mit einem analytischen Blick auf die Welt, in der sie groß wurde im Vergleich zur Gegenwart. Im Alter von 64 Jahren schreibt Beauvoir: »Manchmal staune ich darüber, daß der Unterschied zwischen meinem Körper und meinem Leichnam größer ist als der zwischen dem Leib der Zwanzigjährigen, die ich war, und meinem heutigen, noch lebendigen, warmen Körper.«[4] Es sei der Tod, der alles verändere. Und im Alter bewege man sich darauf zu, obwohl der Körper noch immer warm und lebendig sei wie eh.

Im Jahr 1970 erscheint Beauvoirs Mammutwerk *La Vieillesse (Das Alter)*. Es ist schier unglaublich, welch immense Recherchearbeit Beauvoir geleistet hat. Was methodisch mit *Das andere Geschlecht* seinen Anfang nahm, setzt sie hier fort. Beauvoir geht historisch, soziologisch, psychologisch, philosophisch vor. Sie erzählt von Erfahrungen, die sie selbst gemacht hat und vergleicht sie mit den Erfahrungen anderer Menschen aus anderen Kulturen und in anderen Jahrhunderten. Auch die von ihr immer wieder vorgeführte methodische Spaltung der eigenen Person in Subjekt und Objekt kommt in dieser Studie wieder zum Tragen: »... das Alter ist ein dialektischer Bezug zwischen meinem Sein in den Augen anderer, so wie es sich objektiv darstellt, und dem Bewußtsein meiner selbst, das ich durch das Alter gewinne.«[5] Aber, so fügt Beauvoir hinzu, dieses Bewusstsein ihrer selbst funktioniere nur, wenn sie es nicht einschlafen lasse, wenn sie es übe. Dann schützt es sie davor, sich hineinzuretten in Illusionen und in schöne Bilder, die Beruhigung verschaffen könnten. In ihrem Roman *Les Belles Images (Die schönen Bilder)* von 1966 hatte Beauvoir sehr genau geschildert, was es mit sich bringt, sich in einer Welt des schönen Scheins und der Lüge einzurichten. Je älter Beauvoir wird, desto kompromissloser ist ihr Blick auf die Welt und auf sich selbst. Sie ist jedoch keineswegs resignativ. Es gibt für sie eine Alternative zur Flucht in den schönen Schein. Indem sie die negativen Folgen dieser Lebenseinstellung aufzeigt, weist sie auf eine ganz andere Möglichkeit hin, und zwar auf die, den Blick in die Zukunft zu richten und mit Alternativen zu spielen, egal wie viele Jahre man vielleicht noch zu leben hat. Die Protagonistin des Romans entwickelt eine Ahnung von einer anderen, ganz authentischen Existenz.

Eine Stütze und anregende Hilfe bedeutet für Beauvoir in diesem und den kommenden Jahren ihre Freundschaft mit Sylvie Le Bon. Beauvoir hat die 32 Jahre Jüngere bereits 1960 kennengelernt. Sie entstammt einem bourgeoisen Elternhaus wie Beauvoir und unterrichtet Philosophie in dem Lycée in Rouen, in dem auch Beauvoir als Lehrerin tätig war. »Wir lesen die gleichen Bücher, wir gehen zusammen ins Theater, wir unternehmen gemeinsam große Autofahrten. Es besteht zwischen uns ein so natürlicher Austausch, daß ich mein Alter vergesse: sie zieht mich in ihre Zukunft mit hinein, und für Augenblicke erhält die Gegenwart jene Dimension wieder, die sie verloren hatte.«[6]

Beauvoirs Verhältnis zur Literatur ist komplizierter geworden. Ihre autobiografischen Werke werden von der Kritik zwar positiv aufgenommen, aber man bemängelt, dass Beauvoir nicht ausreichend auf rein ästhetische Kategorien geachtet habe. Die Schriftstellerin selbst ist überzeugt, dass sich in Stil, Rhythmus und Tonfall die persönliche Note des Werkes zeigt und zeigen darf. Sie beharrt andererseits auf einem Anteil an Fiktionalem, auch in ihren Memoiren. Schreiben heißt für Beauvoir, Distanz zu schaffen zwischen sich selbst und der fiktiven Person, über die erzählt wird. »Ich möchte nicht auf das beschwingende Erlebnis verzichten, das mir die Literatur mitunter noch schenkt: durch die Schaffung eines Buches in der Dimension des Imaginären mich selber zu schaffen.«[7]

Neben dem Schreiben gehört weiterhin das Lesen zu Beauvoirs Hauptbeschäftigungen. In der Haut eines anderen Menschen zu leben, wenigstens für eine Zeitlang, ist für sie eine besondere existenzielle Erfahrung.

Sie sieht sich als Leserin mit dem Autor oder der Autorin verbunden und hat den Eindruck, lesend am Text mitzuarbeiten. Reine Passivität scheint es im Leben Beauvoirs gar nicht zu geben. Für sie heißt Leben sich zu entwerfen, aktiv zu bleiben und niemals eine Phase als Status quo anzuerkennen. Neben der schriftstellerischen Tätigkeit betrifft das in diesen Jahren des Alterns vor allem das frauenpolitische Engagement. Dass es sich nicht um private Befreiungsversuche handeln kann, sondern um eine Anstrengung, politisch Veränderungen zur Verbesserung der Lage der Frauen herbeizuführen, wird von Beauvoir immer aufs Neue hervorgehoben. Die Öffentlichkeit, nicht der private innerfamiliäre Raum, ist für sie der Ort, an dem dieser Kampf ausgetragen werden muss.

Im Jahr 1974 wird Beauvoir Präsidentin der »Liga der Frauenrechte«. Ihr analytischer und schriftstellerischer Blick richtet sich auf das soziale Miteinander. Sie ist der festen Überzeugung, dass Menschen vor allem soziale Wesen sind. Sie experimentiert mit verschiedenen Formen und unterschiedlichen Möglichkeiten, ihre Beobachtungen zu einem Ganzen zusammenzufassen und ihre Ansichten bekannt zu machen. Einmal ist es ihr politisches Engagement, ein anderes Mal ist es ein Text, ein Essay, ein Roman, eine Erzählung. Das mag der Grund für die Unzufriedenheit mancher Kritiker mit dem ästhetischen Anspruch ihrer Arbeiten sein.

Beauvoir schreibt nicht um des Schreibens willen, sondern hat ebenso wie Sartre den Anspruch, in die Welt und die Gesellschaft hinaus zu wirken. Ihr Bemühen geht dahin, eine »Littérature engagée« zu schreiben.

Neben dem Schreiben braucht Beauvoir nach wie vor viel Zeit und Kraft, um mit Sartre zurechtzukommen. 1965 hat dieser seine junge Geliebte Arlette Ekaim adoptiert: eine zwiespältige Erfahrung für die 57-jährige Beauvoir. Sie ist natürlich so klug vorauszusehen, dass hier eine Konkurrentin aufgetaucht ist und sich breit macht, die einen berechtigten Anspruch auf Sartres Nachlass erheben könnte. Den ersten echten gesundheitlichen Einbruch gibt es, als Sartre im Mai 1971 einen leichten Schlaganfall erleidet. Er selbst ist der Meinung, er werde sowieso nicht älter als siebzig. Infolgedessen sieht er keine Veranlassung, etwas an seinem ungesunden Lebensstil zu ändern. Beauvoir reagiert mit Hilflosigkeit, aber Sylvie Le Bon ist ein Fels in der Brandung in dieser schwierigen Phase. Klug und scharfzüngig mischt sie sich ein und lockert die angespannte Atmosphäre auf. Nun hat Beauvoir nämlich mehr mit Sartre zu tun, als ihr lieb ist. Sie könnte sich nicht davonmachen, ihn alleinlassen mit dem vor Augen liegenden körperlichen Abbauprozess. Der 66-jährige Sartre trinkt mehr denn je, ist manchmal am helllichten Tag betrunken. Nach und nach lässt seine Sehkraft stark nach. Er kann nur noch mit der Lupe lesen und steht oft sehr früh auf, weil er nicht weiß, wie spät es ist: Das Ziffernblatt der Uhr ist für ihn nicht mehr lesbar. Infolge des jahrelangen übermäßigen Alkoholkonsums sind Leber und Herz sehr stark angegriffen. Was die Sache für Beauvoir extrem erschwert, ist Sartres große Begabung im Verdrängen. Er gibt nicht zu, dass er fast nichts mehr sieht, ist stattdessen überzeugt davon, nach wie vor mit voller Kraft arbeiten zu können. Hilflos steht Beauvoir dieser Haltung einer totalen Verweigerung gegenüber. Sie ist so ganz anders geartet und kann einen derart massiven Verdrängungsprozess nicht akzeptieren. Sartre hängt sich in den letzten Lebensjahren trotz der Anwesenheit Arlettes stark an Beauvoir. Obwohl diese zermürbende Situation zehn Jahre lang anhält, ist es dennoch ein großer Schock, als Sartre im April 1981 stirbt. Die Todesursache ist ein durch Leberzirrhose verursachtes Lungenödem. Beauvoir, nun 73 Jahre alt, rettet sich mit Unmengen von Alkohol in die Betäubung.

Aber Simone de Beauvoir wäre nicht sie selbst, würde sie nicht versuchen, aus dem emotionalen Tief wieder herauszukommen. Ihr Rezept ist das Schreiben – und zwar genau über das, was ihr diesen großen Schmerz bereitet. Der Titel des neuen Buchprojekts *La Cérémonie des adieux (Die Zeremonie des Abschieds)*. Darin erzählt sie die letzten zehn Jahre im Leben Jean-Paul Sartres und natürlich auch, wie sich die Beziehung zwischen Sartre und Beauvoir in dieser Zeit veränderte. Autobiografie, Deutung, Fiktion, Wirklichkeit und Bild: Es ist nicht auszumachen, wo die Schwerpunkte dieses neuen Werks liegen. Wie immer bei Beauvoir handelt es sich um eine Schilderung innerer Vorgänge durch Beschreibung des Außen.

Beauvoir rekapituliert Gespräche der letzten Jahre und beschreibt minutiös körperliche Veränderungen. Soweit die Fakten. Im Grunde aber geht es um viel mehr: Beauvoir denkt in diesem Buch in Episoden über das nach, was Abschiednehmen bedeutet. Die Philosophin in ihr meldet sich zu Wort. Ein grundsätzlicheres Nachdenken führt hinaus über den akuten Abschied von Sartre. Beauvoir schildert das tägliche Auf und Ab: Einmal ist Sartre präsent, ansprechbar, fröhlich sogar, dann wieder apathisch, resignativ, traurig. Beauvoir notiert all diese Einzelheiten, weil sie anders den Tod des Lebensgefährten nicht ertragen könnte. Sartre ist tot, sie selbst alt: Das ist Fakt. Sartre ist ihr vorausgestorben. Ihren eigenen Tod sieht Beauvoir in nicht allzu weiter Ferne. Sie könnte in Apathie verfallen, aber noch immer gilt ihr Hauptaugenmerk dem Schreiben. Im Schreiben stellt sie Distanz her zu ihrem Leben wie auch zu Sartres Sterben. Als das Buch erscheint, ist die öffentliche Erregung groß. Der Hauptvorwurf ist der der Schamlosigkeit und Indiskretion. Sie habe Intimitäten ausgeplaudert, die einen eigentlich rein privaten Charakter haben sollten. Mit diesem Text habe sie Rache üben wollen an Sartre, an seiner Untreue, seinen Affären, der Adoption Arlettes. Beauvoir habe aus dem Hinterhalt auf einen Wehrlosen geschossen.

Zwischen 1972 und 1982 führt Alice Schwarzer mehrere Interviews mit Beauvoir. Das Thema an ihrem 70. Geburtstag, am 9. Januar 1978, heißt Alter. Beauvoir erklärt Schwarzer darin, die Selbstwahrnehmung sei eine andere als die Fremdwahrnehmung durch andere Menschen. Die anderen stellen fest, dass man alt sei, während man sich selbst etwas anderes suggeriere. Mit Sartre nennt sie das Alter »das Unrealisierbare«. Es existiere zwar für die anderen, nicht aber für einen selbst. Was ihr Schreiben anbelangt, so ist Beauvoir der Meinung, das Wesentliche sei getan. Dennoch findet sie immer wieder Spannendes, Neues, und zeigt sich sehr angetan von Verfilmungen ihrer Bücher: sich das eigene Werk sozusagen noch einmal aneignen, indem das Medium wechselt. Interessant ist auch Beauvoirs in den Interviews mit Schwarzer geäußerte Ansicht, dass Frauen es leichter hätten mit dem Alter, weil sie nicht so tief fallen könnten wie Männer. Männer seien es gewohnt, Macht und Verantwortung zu haben. »Gerontologen haben mir erzählt, Männer in den Fünfzigern, die zu ihnen kommen, seien total gebrochen: sie können nicht fassen, dass ihre Söhne sie entmachten.«[8] Was Beauvoir allerdings konstatieren muss, ist die Tatsache, dass die finanzielle Situation der Frauen im Alter bei aller geistigen Unabhängigkeit viel schlechter ist als die der Männer.

1979 erscheint ein Band mit Erzählungen von Beauvoir, die bereits vor vielen Jahren geschrieben wurden: *Quand prime le spirituel (Marcelle, Chantal, Lisa…)*. Damals, im Alter von 30 Jahren, wollte Beauvoir sich ihren Frust über die eigene strenge religiöse Erziehung von der Seele schreiben. Aber das Manuskript fand nicht zu einem Verleger, wurde überall abgelehnt und ruhte seither in der Schreibtischschublade. Nun ist Beauvoir der Meinung, das Lesepublikum könnte ein Interesse an diesem Manuskript haben, weil es eigentlich eine Art »Gesellenstück« gewesen sei. Ihre schriftstellerische Entwicklung könne auf diese Weise durchsichtig gemacht werden. Beauvoirs Offenheit und Schonungslosigkeit sich selbst gegenüber verbietet es ihr, etwas zu verstecken, was ihr einmal wichtig war, auch wenn die literarische Qualität nicht die höchste ist. Man hat den Eindruck, sie ist dabei, ihren Nachlass zu ordnen, um die Einheit ihres Werks zu zeigen.

Ein ganz neues Werk entsteht nicht mehr. Langsam nimmt Beauvoir Abschied von der Tätigkeit des Schreibens, die ihr Leben so reich und immer wieder einfach auch erträglich gemacht hat. Nun, nach Sartres Tod, warten andere Aufgaben: Sartres Briefwechsel soll erscheinen. Es passiert, was Beauvoir vorausgesehen hat: Arlette erhebt Anspruch auf Mitsprache, Streitereien sind auf der Tagesordnung. Doch schließlich kommt es zur Einigung und Beauvoir kann sich wieder auf andere Arbeiten konzentrieren. Im Zentrum steht in den letzten Jahren ihres Lebens weiterhin ihr feministisches Engagement. Mit Sylvie le Bon, die sie inzwischen adoptiert hat, macht sie ausgedehnte Reisen. Eine Leichtigkeit ist in ihr Leben gekommen, die sie sich nicht mehr erhofft hatte.

Aufgrund ihres Alters ist sie für die Feministinnen zu einer Art »monstre sacré« geworden. Man nimmt sie ernst und hört genau darauf, was sie sagt. Die praktische Arbeit an der Basis aber haben nun die Jüngeren übernommen.

1983 erhält Beauvoir den Sonning-Preis für Verdienste um die Europäische Kultur. Sie ist überglücklich und stolz, weil sie die Ehrung vor allem als Anerkennung für ihr schriftstellerisches Werk sieht. Das Preisgeld kommt gerade zur richtigen Zeit und so macht Beauvoir im Juli 1983 mit Sylvie eine ausgedehnte USA-Reise. Sie fühlt sich frisch und jung und genießt vor allem die Tage im geliebten New York, wo sie Museen besucht und Buchhandlungen durchstreift, ohne zu ermüden. Beauvoir ist und bleibt eine Großstädterin, die sich nirgendwo wohler fühlt als in den Metropolen, deren Tempo ihr voll und ganz entspricht, auch jetzt mit 75 Jahren.

Zurück in Paris erfährt Beauvoir, dass die Regisseurin Josée Dayan einen Fernsehfilm über *Das andere Geschlecht* drehen möchte. Nach vielen kontroversen Diskussionen, in denen es vor allem darum geht, wie und wo gekürzt werden könnte, wird der Film gedreht und in vier Folgen zu je 52 Minuten im November 1984 gesendet. Beauvoir ist mit dem Ergebnis zufrieden.

Geistig ist sie noch immer sehr rege. Sie liest mehrere Zeitungen täglich, arbeitet sich durch die neueste Literatur, trifft sich mit Freunden und beteiligt sich an Gesprächen zu aktuellen Themen. Körperlich fühlt sie sich allerdings längst nicht mehr auf der Höhe. Der jahrelange extreme Alkoholkonsum hat ihrer Leber geschadet, ihr Bauch ist aufgequollen, die Beine sind schwer. Im Jahr 1985 kann sie sich ohne Hilfe kaum noch fortbewegen. Sie vom Whisky fernzuhalten, ist unmöglich. Er gehört bei ihr ebenso zum Leben, wie dies bei Sartre der Fall war. Sylvie Le Bon versucht, sie zu überlisten, indem sie den Scotch mit Wasser verdünnt, aber Beauvoir nimmt einfach ein größeres Gefäß. 1986 ist Beauvoirs Geist noch so fit, dass sie Interviews geben kann. Meistens begrüßt sie Gäste in ihrem alten roten Morgenmantel, was aber niemanden stört. Ihre Altersmarotten werden akzeptiert. Im März 1986 muss sie sich einer Operation unterziehen. Das Krankheitsbild ist das gleiche wie bei Sartre. Und wie dieser stirbt auch Simone de Beauvoir am 14. April an einem Lungenödem.

Früh schon hatte sie sich alt gefühlt und ohne ihr Alter jemals zu leugnen, blieb sie bis zum Ende kreativ, engagiert und im Denken jugendlich. Auf gesellschaftliche und politische Probleme hat sie bis zu ihrem Tod wach und klug reagiert. Ihren Lebensthemen ist sie treu geblieben. Sie hat sich von ihren Kritikern nicht einschüchtern lassen. Auch im Alter blieb sie, was sie vom Anfang ihres Schreibens an war: eine engagierte Schriftstellerin.

Patricia Highsmith (1921-1995):

Einsamkeit ist ein Seelenzustand, kein Sachverhalt

Zürich könne eine sehr gewalttätige Stadt sein, schreibt die 71-jährige Patricia Highsmith am 19. März 1992 an ihre Freundin Liz Calder.

Der letzte Roman von Patricia Highsmith spielt genau in diesem zur Gewalttätigkeit neigenden Zürich und beginnt folgerichtig mit einem brutalen Mord: Der junge Freund des Werbegrafikers Rickie Markwalder, Petey Ritter, wird auf offener Straße kaltblütig niedergestochen. Er ist sofort tot. Als Highsmith-geübter Leser denkt man nun, dieser Mord werde im Zentrum des Romans stehen und alles Weitere bestimmen. Weit gefehlt, denn es kommt ganz anders und *Smal g* entpuppt sich schon bald als zarte Liebesgeschichte. Die Hauptfigur ist eben jener Werbegrafiker Rickie Markwalder, schwul, sechsundvierzig Jahre alt. Nun muss er um seinen toten Geliebten trauern. Das *Smal g* ist die Stammkneipe von Rickie und seinen Freunden. Das kleine G steht für »teilweise gay«. Es handelt sich nicht um ein reines Schwulenlokal, jeder ist willkommen.

Wer hätte gedacht, dass eine Schriftstellerin wie Patricia Highsmith einmal einen Protagonisten erfinden würde, der so wenig in den Kreis ihres bisherigen Figurenkabinetts passt wie Rickie. Der Mann ist einfach nur gut, lieb, hilfsbereit. Es gibt nichts, was an ihm zu kritisieren wäre. Man möchte ihn zum Freund haben. Die Abgründigkeit, die Highsmith ihren Figuren normalerweise zuschreibt: Bei Rickie wie auch bei den anderen Personen dieses Romans ist sie schlichtweg nicht zu erkennen. Den Widerpart Rickies hat eine gewisse Renate Hagnauer zu übernehmen. Sie, Couturière mit Klumpfuß, angewidert und zugleich fasziniert von der Homosexuellenszene, spielt die Rolle der Bösartigen, latent Gewalttätigen, Autoritären. Sie benutzt den behinderten Willi Biber, um ihrer begabten Angestellten Luise, die bei ihr wohnt, die Verehrer vom Hals zu halten. Luise ist das ganz und gar nicht recht. Sie ist jung und sehnt sich nach Freiheit. Und so verbindet die beiden Frauen eine Hassliebe. Überraschendes Ende: Nach dem Tod Frau Hagnauers sieht sich Luise im Testament als Alleinerbin eingesetzt.

Fast liest sich das Buch wie ein Märchen, eine Zaubergeschichte, in der die Autorin ihren Figuren reichlich Raum für Fantasien lässt. Das typische Highsmith-Gruselgefühl stellt sich nicht ein, die Erwartungen einer klassischen Highsmith-Leserschar werden enttäuscht. Das Spannungsverhältnis, das man den Highsmith-Figuren gegenüber normalerweise hat, baut sich hier nicht auf. Der Wunsch, sich auf Distanz zu halten zu einem Mr. Ripley oder dem »Schneckenforscher« entsteht erst gar nicht. Stattdessen gerät man in die Gefahr, diese Menschen lieb zu gewinnen, das »Small g« selbst einmal besuchen zu wollen, um all die netten Leute persönlich kennenzulernen, mit Rickie ein paar Gläser zu trinken und über das Leben im Großen und Ganzen zu plaudern. Sollte der Eindruck, der sich über viele Jahre eingestellt hatte, etwa eine Täuschung und Highsmith im Grunde eine liebevolle, ja geradezu zärtliche Schriftstellerin sein?

In einer Hinsicht ist Highsmith sich allerdings treu geblieben: Wie ihre bisherigen Werke ist auch dieser Roman voller genau erzählter Details aus dem Alltagsleben. Außerdem hat die Autorin wieder intensive Recherchen angestellt in dem Milieu, in dem ihre Geschichte spielt.

Seit 1988 lebt Patricia Highsmith in einem nach ihren eigenen Plänen gebauten Haus in Tegna im Centovalli im Tessin. Bei den Dorfbewohnern steht sie im Ruf, sehr zurückhaltend und ein wenig kauzig zu sein. Und in der Tat kann man mit ihr ohne Mühe etliche Stunden in Ruhe verbringen, ohne viele Worte zu wechseln. Aber das ist durchaus keine Frage des Alters, so war sie schon immer. Dabei ist Highsmith ja keineswegs desinteressiert, was das Leben und die Probleme ihrer Freunde betrifft. Außerdem ist sie von ausgesuchter Großzügigkeit anderen gegenüber. Sie trägt ihr Innerstes nicht zur Schau, sie ist eine Frau mit vielen Gesichtern und täuscht die Mitmenschen immer wieder, auch die ihr am nächsten Stehenden. Mag sein, dass ihr diese Vieldeutigkeit des eigenen Wesens dabei hilft, Figuren wie etwa ihren Tom Ripley zu kreieren. 1955 erschien der erste Ripley-Roman, der Highsmith berühmt gemacht hat, als sie gerade einmal vierunddreißig Jahre alt war. *Der talentierte Mr. Ripley* wurde mit Preisen überhäuft und ist inzwischen mehrfach verfilmt worden. Der zweite Ripley-Roman, *Ripley Under Ground*, erschien 1970, dann folgten 1974 *Ripley's Game* und 1980 *Der Junge, der Ripley folgte*. Dazwischen schrieb Highsmith weitere Romane und Erzählungen. In einem Essay aus dem Jahr 1975 schreibt Peter Handke: »Die Romane der Highsmith sind einleuchtend geheimnisvoll ...«[1] Genauso »einleuchtend geheimnisvoll« ist sie selbst in jeder ihrer Lebensphasen. Sie liebt die Tagträumerei und könnte ohne diese Tagträumereien überhaupt nicht schreiben. 1977 – da ist sie 56 Jahre alt – sagt sie in einem Interview, das Schreiben falle ihr schwerer, was mit dem Alter zusammenhängen könne. Ihr Leben werde komplizierter. Wenn man die Kreativität in den Folgejahren betrachtet, kann man dieser Aussage kaum glauben.

In den späten 1980er Jahren erwägt Highsmith einen fünften Ripley-Band. Diese irritierende Spaltung des Mannes Tom Ripley in einen gepflegten, kultivierten, gärtnernden und musizierenden Schöngeist und

einen von dunklen Trieben gesteuerten Gelegenheits-
mörder inspiriert die Schriftstellerin offensichtlich noch
immer. Zwischen 1988 und 1991 arbeitet Highsmith
an *Ripley Unter Water*. Ohne eine kontinuierliche
Arbeit zu sein, würde Highsmith auch jetzt in ihren
späten Sechzigern nicht ertragen. Im neuen Haus in
Tegna lebt sie nicht anders als in allen anderen Woh-
nungen. In ihrem Tagebuch notiert sie, sie könne
unmöglich zufrieden sein, bevor sie nicht mit einem
weiteren Projekt begonnen habe.

Zu den frühen Erfahrungen Highsmiths gehört, dass
im Individuum selbst unerhörte Möglichkeiten schlum-
mern, die bloß darauf warten, geweckt zu werden.
Das können die äußeren Umstände sein, hinzu kommt
jedoch, dass die Autorin mit Tom Ripley offensichtlich
noch nicht abgeschlossen hat. In ihr ist mittlerweile die
Überzeugung gewachsen, dieser Ripley bewege sich
am Abgrund entlang. Zumindest äußert sie diese Meinung, als sie mit der Niederschrift des Manuskripts
beginnt. Das Ganze beginnt damit, dass Ripley sich
eines Tages von einem Paar beobachtet fühlt, dem er
im Stillen den Namen »Die Seltsamen Zwei« gibt. Es
geht weiter: Ein ominöser Anrufer meldet sich als
»Dickie Greenleaf«, dem Mann, den er bekannter-
maßen im ersten Ripley-Roman ermordet hat. Er säße
im Rollstuhl, tut er kund. Schlagartig nimmt einen die
Handlung gefangen. Es funktioniert wie bei allen
Ripley-Romanen: Man ist von der ersten Seite an
gefangen. Man lässt sich in Ripleys Haus auf einem
Sessel nieder, schaut dem Hausherrn zu, wie er im
Garten arbeitet, nimmt den Drink dankbar an, den
Heloise, die Hausherrin und Gattin Ripleys, serviert.

Alles ist normal. Nichts ist normal. Eigentlich sollte man einem Mörder wünschen, dass er endlich gefasst und der gerechten Strafe zugeführt werde. Bei Ripley ist das anders. Wieder gleitet man auf seine Seite, macht es sich bequem in seiner Welt, gibt anderen die Schuld, sieht in ihnen weit eher die Schurken, Böse-wichte, Neurotiker als in Tom Ripley selbst, von dem man inzwischen längst weiß, dass er all das ist, was man anderen zuschustern möchte. Die Leserin, der Leser, beide verachten sie die neu zugezogenen Ame-rikaner, die Ripley auflauern, ihm nachspüren und sein Haus fotografieren. Man kann Ripleys Reaktion fast verstehen, der, als er sich sogar bei einem Urlaubs-aufenthalt in Tanger mit diesem Amerikaner befassen muss, weil der ihm in das fremde Land gefolgt ist, bei einem gemeinsamen Teetrinken im Freien denkt, dies sei ein idealer Ort, den Scheißkerl loszuwerden. Und so folgt die brave Leserschar ihrem Freund Ripley und denkt von Seite zu Seite weniger darüber nach, ob es nicht endlich Zeit sei, diesem Schwerverbrecher den Garaus zu bereiten. Nein, im Gegenteil, es schleicht sich sogar noch ein Gefühl der mitleidigen Sanftmut ein, denn dieser Ripley ist fragiler als der der früheren Romane. Etwas ist mit ihm geschehen. Er lässt sich viel leichter verunsichern und mürbe machen. Als Ripley seinen Widersacher, den Amerikaner Prichard, dabei beobachtet, wie er den Fluss absucht, offenbar nach einer Leiche, wahrscheinlich Murchison, der eines sei-ner Opfer ist, wird ihm sehr mulmig zumute: »Von rechts schoss eine Krähe über Tom herab, krächzte ein hässliches, unverschämtes ›kaa, kaa, kaa!‹ Es klang wie Gelächter. Über wen lachte der Vogel – über ihn

oder Prichard?« Prichard findet die Leiche, schickt sie
ohne Kopf gut verpackt zu Ripley nach Hause und dieser versenkt sie eines Nachts mit seinem Kumpan Ed im
Teich der Prichards. Auf seine Haushälterin macht
Ripley auf einmal einen melancholischen Eindruck und
als er an seiner Leinwand steht und arbeiten will, hat
er Angst, »zu versagen, zu schmieren, es einfach nicht
gut genug hinzubekommen.«[3] Auf einmal zeigt sich,
dass Ripley nicht so »cool« ist, wie er immer tut. Er lässt
sich aus der Fassung bringen und man erinnert sich,
dass diese Fassung ja sowieso erlogen ist, sein glän-
zendes Leben sich dem Tod, der Ermordung anderer
Menschen verdankt und ihm nie wirklich allein gehört
hat. Ripley wird plötzlich von der Sehnsucht nach
menschlicher Nähe und Wärme ergriffen. Als seine
Frau aus Marrakesch, wo sie einen Urlaub verbringt,
bloß eine Postkarte mit ein paar nichtssagenden Zeilen sendet, verunsichert ihn das. Er wünscht sich mehr.
Auch hat Ripley ein verstärktes Bedürfnis nach Sau-
berkeit, duscht mehrmals täglich, wäscht sich die Hände noch häufiger als gewöhnlich. Ripley kommt nicht
in die Lage, einen weiteren Mord zu begehen, aber
das seltsame Paar stirbt dennoch. Sie ertrinken im
Teich hinter ihrem neu erstandenen Haus, Tom Ripley
schaut zu, denn er ist zufällig in der Nähe. Er tut nichts.
Er greift nicht ein, um die Ertrinkenden zu retten und
seine Leserinnen und Leser schauen mit ihm zu und
kämen wahrscheinlich ebensowenig auf die Idee, Hilfe zu leisten. Ende gut, alles gut: Ripley zieht seinen
Kopf wieder aus der Schlinge. Er wird nicht verdäch-
tigt und wirft das letzte Beweisstück, das noch in seinen Händen ist, nämlich Murchisons Ring, in den Fluss.

Auch im letzten Roman lässt Highsmith ihre Figur, den mehrfachen Mörder, Betrüger und Fälscher Tom Ripley, entkommen. Sein Seelenleben allerdings ist anfällig geworden für Störungen. Man geht anders aus der Lektüre heraus als bei den Vorgänger-Romanen. Der Eindruck stellt sich ein, Ripley könnte von dem Wunsch beseelt sein, seine Taten seien nichts als Tagträumereien, Hirngespinste und sein Leben in seinem Haus mit seiner Frau könnte irgendwann nur noch normal sein ohne diesen dunklen Hintergrund. Er weiß, es wird niemals sein können. Und wir Leserinnen und Leser wissen es auch.

Patricia Highsmith widmet *Ripley Under Water* »Den Toten und Sterbenden der Intifada und des kurdischen Volkes und jenen Menschen, die in allen Ländern der Welt gegen Unterdrückung kämpfen und nicht nur dagegen aufstehen, sondern dafür erschossen werden.« Highsmith ist Mitglied von Amnesty International und setzt sich vehement und sehr klar für die Rechte der Palästinenser ein. Das bringt ihr in Amerika viele Feinde. Ihre Bücher verkaufen sich im Heimatland sehr schlecht, viel schlechter als zum Beispiel in Deutschland, wo die Schriftstellerin auf der Straße angesprochen und um Autogramme gebeten wird.

Mit einundsechzig Jahren hat Patricia Highsmith die Idee, ihren Lebensabend in der Schweiz, genauer im Tessin, zu verbringen. Zunächst lässt sie sich in Aurigeno in einem alten Steinhaus aus dem Jahr 1680 nieder. Ihre Freundin, die Soziologin Ellen Hill wohnt nicht weit entfernt. Das Verhältnis ist allerdings kompliziert wie alle Liebesbeziehungen der Schriftstellerin. Highsmith unterwirft sich Ellen und lässt sich von ihr gängeln. Außerdem mag Ellen die Bücher ihrer Freundin überhaupt nicht. Zunächst verbringt Highsmith nur die Sommerferien 1981 in Aurigeno, bis sie im Frühjahr 1982 beschließt, endgültig Frankreich den Rücken zu kehren und in das kleine 105-Seelen-Dorf zu ziehen. Im gleichen Jahr wird *Ripley Under Ground* verfilmt. Jack Bond, der Regisseur, hat die Rolle des Ripley mit Jonathan Kent besetzt, ohne die Autorin zu fragen. Ein Abenteuer, aber er hat Glück, denn Highsmith ist nicht nur angetan, sondern regelrecht begeistert. Der Regisseur seinerseits ist fasziniert von Highsmith. Interessant ist, was der Schauspieler Jonathan Kent über Highsmith sagt. Sie sei mit ihm umgegangen, als sei er Ripley und spiele ihn nicht bloß. Patricia Highsmiths Biograf Andrew Wilson zitiert aus einem Interview mit Kent: »Alle ihre Bücher handeln von Männern und ihren Schatten, und ich glaube, Ripley war ein Ausdruck dessen, wie sie gern sein wollte, ihr Schatten. Vielleicht war sie unvollständig, vielleicht war sie nie in Einklang mit ihrem Schatten.«[4] Und, so möchte man hinzufügen, vielleicht lieben ihre Leserinnen und Leser sie so, weil es ihnen genauso geht: weil im Grunde niemand vollständig ist und nicht identisch mit dem Schatten, der einen ein Leben lang begleitet. Realität und Fiktion sind bei Highsmith nicht zu unterscheiden. Tom Ripley gehört auch in ihrer dritten Lebensphase zu ihrem Leben. Für die Menschen, mit denen sie zu tun hat, ist es nicht einfach: Auch jetzt, wo sie älter geworden ist, wirkt sie genauso rätselhaft wie immer. Sie ist nirgendwo einzuordnen, ihre Identität ist ein schillerndes Etwas. Versuche anderer, ihren Charakter zu beschrieben, zeugen von der Unsicherheit in der Beurteilung ihrer Person: Streitsüchtig sei sie, dann aber auch sanftmütig, ruhig, aufmerksam, amüsant, verschlossen, wunderlich, ungezogen. Jonathan Kent erzählt, er habe sie einmal besucht. Sie schlief im Arbeitszimmer, arbeitete nachts, hörte gegen vier Uhr morgens Radio. Im März 1983 soll sie für den Diogenes Verlag eine Liste erstellen mit Dingen, die ihr gefallen, und solchen, die ihr missfallen. In der ersten Gruppe finden sich: keine Geräusche, Kafka, allein sein, die Matthäuspassion von J.S. Bach, alte Kleider, Wochenenden ohne gesellschaftliche Verpflichtungen. Die ihr Missfallen erregenden Dinge sind: viergängige Menüs, laute Menschen, die Begin-Sharon-Bewegung, Faschisten, Musik von Sibelius.

Im Frühsommer 1983 macht sich Patricia Highsmith 62-jährig an einen neuen Roman: *Elsie's Lebenslust.* Elsie, jung, schön, Fotomodell, beflügelt die Fantasie zweier ganz unterschiedlicher Männer. Sie wird am Ende des Romans ermordet. Wen wundert es: Die Autorin heißt Patricia Highsmith. Elsie stirbt aber in ein Bild hinein, überlebt in den Träumen, die die Träumer selbst nicht verstehen. Alle Figuren in diesem Roman sind in ihrem Doppelleben befangen. Wer sonst als Patricia Highsmith könnte eine solche Geschichte so bestechend erzählen? Aber ein einziges Projekt scheint ihr nicht zu genügen. Daneben schreibt Highsmith an skurrilen Kurzgeschichten, die sich mit verschiedenen »Katastrophen« auseinandersetzen. Überschießende Fantasie statt Rückzug in ruhigere Gewässer – die alternde Schriftstellerin überlässt sich ganz dem Strom ihrer fantastischen Einfälle. All die Geschichten haben zu tun mit akuten Gefahren,

Umweltzerstörung, Krebs, atomarer Bedrohung. Privates, gesellschaftlich Relevantes, Hochpolitisches: Alles scheint sie zu interessieren. Highsmith sammelt Zeitungsausschnitte und reagiert außerordentlich wach auf Nachrichten, Sensationsmeldungen und auf das Unausgesprochene, das in der Luft liegt. In ihrer Kritik vermeidet sie alles Plakative, auch wenn sie in ihren Aussagen sehr direkt sein kann. In der ersten Geschichte aus dem Band *Geschichten von natürlichen und unnatürlichen Katastrophen* erzählt sie von einem Medizinstudenten, der auf dem Friedhof neben dem Allgemeinen Krankenhaus auf den Gräbern Knollengewächse entdeckt, die offensichtlich aus der Tiefe des Bodens emporwachsen und krebsartig aussehen. Als könnten die Tumore weiterwuchern nach dem Tod der Krebspatienten. Großes Rätselraten: »Manche Philosophen und Dichter verglichen die grotesken Gebilde mit dem vom Menschen selbst verschuldeten Ruin seiner Seele oder führten sie auf das aberwitzige Herumpfuschen im Handwerk von Mutter Natur zurück – ähnlich dem Wahnsinn, der zur verfluchten Atombombe geführt habe.«[5] Patricia Highsmith hat einen innigen Bezug zur Natur, nicht umsonst lebt sie gern auf dem Land. Allerdings, und auch das gehört zu den Widersprüchen ihres Charakters, sucht sie die Natur nicht in den Weiten der USA, sondern dort, wo die Entfernungen zu einer großen Stadt nicht allzu groß sind.

Mit dem Alter setzt sich Highsmith in diesem Erzählband ebenfalls auseinander. Persönlich betroffen ist sie seit 1975 insbesondere vom Thema Altenheim. Zu dieser Zeit kommt ihre Mutter in ein Pflegeheim in Texas, nachdem sie einen Hausbrand herbeigeführt hatte.

Seither dämmert die alte Frau vor sich hin, ihre Tochter hält sie für geistesgestört. Highsmiths Blick ist auch jetzt gnadenlos. In ihrer Geschichte ... *und kein Ende in Sicht* ... nähert sie sich dem Thema mit den Mitteln totaler Übertreibung. »Da liegt sie nun, ist mindestens hundertneunzig, manche sagen, zweihundertzehn, und kein Ende in Sicht.«[6] Naomi heißt die Alte, die unsterblich scheint und zahlt und zahlt und zahlt. Autobiografisches hat Highsmith unübersehbar eingebaut. Es ist teuer, sehr teuer, wenn man unsterblich scheint. Naomi ist ein Ekel, muss es schon immer gewesen sein, glaubt man der Erzählerin. Unschwer lassen sich Züge von Patricia Highsmiths eigener Mutter in den Zügen der alten Frau erkennen. Diese Mutter-Tochter-Beziehung war immer schwierig, wenn nicht gar katastrophal. Trotzdem steht Naomi auch für all das, was in der heutigen Zeit getan wird, um das Leben zu verlängern. »Du bist ein Triumph der modernen Medizin: Vitamine, Antibiotika, das ganze Zeug. ... Naomi Barton Markham, du wirst uns noch alle überleben, so lange es auch nur ein Pflegeheim gibt, das deine Dollars einsackt. Und solange es den einen oder anderen Idioten gibt, der für dich bezahlt.«[7] Patricia Highsmith muss für ihre Mutter jährlich 7814 Dollar aufbringen. Sie tut es nicht gern.

Im Dezember 1984 reist die 63-jährige Highsmith in die USA, um für *Elsie's Lebenslust* zu recherchieren. Sie trifft sich auch mit ihrem amerikanischen Verleger Otto Penzler. Der kann seine Autorin persönlich gar nicht leiden, findet sie hässlich, bösartig und geradezu widerlich. Natürlich: So kann sie sein, aber sie kann eben auch ganz anders sein. Man muss ein Organ haben für die andere Seite. Im Mai 1985 ist das Manuskript fertig und wird an den Verlag geschickt. Patricia Highsmith hat einen langen harten Winter hinter sich, denn es schneite unaufhörlich. Das Wohnklima des Hauses in Arigeno ist ihrer Gesundheit nicht zuträglich: zu dunkel, zu feucht. Aber noch harrt sie aus. Sie braucht Erholung, gönnt sich ein wenig freie Zeit, aber wie sollte sie ohne Arbeit wirklich zufrieden sein können?

Anfang 1986 erkrankt Highsmith an einer schweren Bronchitis und muss sich im Krankenhaus einer intensiven Untersuchung aussetzen. Sie fürchtet sich vor dem Ergebnis, nicht ohne Grund, denn man findet tatsächlich einen Tumor im linken Lungenflügel, eine Operation ist unvermeidbar. Danach sind drei Monate Wartezeit angesagt. Patricia Highsmith empfindet vielleicht zum ersten Mal so etwas wie echte Todesangst. Es ist ihr bewusst, dass das Rauchen ein Ende haben muss. Mit dem Laster begonnen hatte sie im Alter von sechzehn Jahren. An Disziplin fehlt es Highsmith nie und so schafft sie die Abstinenz innerhalb weniger Tage. Nach drei Monaten Zitterpartie erfährt sie, dass kein weiterer Befund vorliegt. Noch einmal davongekommen. Vor dem Hintergrund ihrer gesundheitlichen Probleme kommt es nun zum Kauf des teuren Grundstücks in Tegna. Highsmith glaubt nicht daran, dass sie sehr alt werden würde.

1990 hat die Schriftstellerin die Idee, eine Fortsetzung von ... *und kein Ende in Sicht* ... zu schreiben. Über Skizzen in ihrem Notizbuch kommt die Planung allerdings nicht hinaus. Sie stellt sich vor, ins Zentrum der Geschichte eine uralte hirntote Frau zu stellen, die

die Form eines Schlauchs angenommen hat. Auf der einen Seite wird Essen hineingestopft, auf der anderen Seite kommt es wieder heraus. Auch jetzt also, im vollen Bewusstsein der eigenen Sterblichkeit, der Endlichkeit ihres Existierens, hat Highsmith keinerlei Anwandlungen von Sentimentalität. Im März 1991 stirbt ihre Mutter im Alter von 95 Jahren. Sie ahnt, dass sie selbst niemals so alt werden würde. Das Reisen strengt sie mehr denn je an. Aber es muss sein, denn Highsmith hat viele Verpflichtungen, Lesungen, Vorträge, Pressetermine. In Kanada, wo sie Lesungen absolviert, lernt sie den Schriftsteller William Trevor kennen. Ganz im Unterschied zu ihrem amerikanischen Verleger mag er Highsmith auf Anhieb. Er findet zwar, sie sei schüchtern, geradezu verschlossen, aber sehr aufmerksam anderen Menschen gegenüber. Es gibt nicht wenige Leute, viele junge Menschen darunter, deren Werdegang sie liebevoll wach begleitet.

Wenn sie nach ihrer Haltung dem Tod gegenüber gefragt wird, nimmt sie womöglich erst einmal einen kräftigen Schluck aus ihrem Flachmann, bevor sie zu einer Antwort ansetzt. Verbrannt wolle sie werden und irgendwo verstreut. Angst habe sie vor dem Sterben, denn man wisse nicht, was danach kommt. An Gott glaubt sie nicht, auch nicht an einen Sinn im Leben. Highsmith verfügt, dass sie keine lebensverlängernden Maßnahmen wünsche. In ihrem Testament setzt sie die Künstlerkolonie Yaddo als Haupterbin ein. Yaddo liegt in Saragota Springs, New York. Die Kolonie wurde 1926 eröffnet und soll Künstlern eine Phase ungestörten Arbeitens ermöglichen. Finanziert wird die Kolonie durch eine Stiftung. Patricia Highsmith arbeitete von

Mai bis Juli 1948 dort und unterstützt das Projekt seitdem.

Patricia Highsmith ist die letzten Jahre in Tegna nicht einsam. Ihre Nachbarn mögen sie, schließen sogar Freundschaft mit der seltsamen alten Dame. Man kann mit ihr über belanglose Alltagsdinge sprechen: Telefon- und Stromrechnungen, das Wetter. Was sie unbedingt braucht: viel Ruhe. Ein voller Supermarkt überfordert sie, überhaupt ein Ort, an dem zu viele Menschen sind. Wenn sie sich in einem Raum aufhält, in dem viele Stimmen durcheinanderreden, kann es sein, dass sie sich die Ohren zuhält oder im Bad einschließt.

1990 stirbt Highsmiths langjähriger französischer Verleger und Lektor an einem Herzinfarkt, was ein großer Schock ist. Er fehlt ihr und sie schreibt für den »Guardian« einen Nachruf, in dem sie seine Arbeit in den höchsten Tönen lobt. Patricia Highsmith ist zu dieser Zeit eine starke Trinkerin und verhält sich dennoch kontrolliert, denn sie erlaubt sich jeden Tag nur eine ganz genau bemessene Menge Alkohol. Auch hier zeigt sie sich als maßvolle Maßlose.

1991 sterben Max Frisch und Graham Greene. Wieder ist Highsmith sehr bedrückt. Sie fängt an, mit Ölfarben zu malen. *Ripley Unter Water* erscheint, wird von der Kritik nicht überschwänglich gefeiert, findet aber den Weg zu den Leserinnen und Lesern.

Das letzte Manuskript, *Small g*, ist Mitte März 1993 fertig. Im September hat Highsmith eine weitere Operation zu überstehen: ein Dickdarmtumor. Dann werden Tumore in Lunge und Nebenniere gefunden. Highsmith ist sehr dünn geworden. Hinzu kommt eine aplastische Anämie. Sie kann nicht mehr allein im Haus wohnen, geschweige denn Haushalt und Garten besorgen. Bruno Sager wird als Haushälter angestellt, schlecht bezahlt, aber relativ freundlich behandelt. Er jedenfalls verbucht die sechs Monate bei Patricia Highsmith als wertvolle Erfahrung. Die Schriftstellerin regelt ihren literarischen Nachlass und übergibt ihn dem Schweizerischen Literaturarchiv. In den Monaten vor ihrem Tod ist immer jemand in ihrer Nähe, aber im Sterbemoment selbst ist sie allein. Das Datum ist der 4. Februar 1995. Es passt zu ihrem Leben, denn so war sie: zugewandt und abweisend, anwesend und abwesend. In ihren letzten Büchern beweist Highsmith, dass sie Regungen von Schwäche und Anlehnungsbedürfnis beschreiben kann. Sie selbst fühlte sich im Alter ungeschützter und hat ihre späte Sehnsucht nach Geborgenheit wie nebenbei in ihr Schreiben mit hineingenommen.

Christa Wolf (1929–2011):

Wohin sind wir unterwegs? Das weiß ich nicht.

Am 25. Februar 1993 führt Günther Gaus eines seiner legendären Interviews, diesmal mit Christa Wolf. Irgendwann im Verlauf des Gesprächs stellt er der Schriftstellerin die Frage, ob sie der Meinung sei, dass das Älterwerden ihr bisher gelinge. Christa Wolf wird einen Monat später ihren 64. Geburtstag feiern. Sie antwortet: »Manchmal ja, manchmal weniger. Im Moment bin ich in so einer aufgewühlten Situation –

ich hab das nicht erwartet, dass ich in meinem Alter noch einmal so von Grund auf erschüttert würde. Und das verjüngt ja vielleicht auch, insofern als man sich selbst noch einmal ganz in Frage stellt, wie es sonst vielleicht nur jüngere Menschen tun. Aber Angst habe ich vorm Älterwerden nicht. Ich freue mich auf das Größerwerden meiner Enkelkinder.«[1] Eine recht ungewöhnliche Antwort für eine Schriftstellerin. Dass eine schreibende Frau keine Kinder haben solle, wie Simone de Beauvoir meinte, kann Christa Wolf nicht nachempfinden. Im Gegenteil seien es gerade die Konflikte, die sich im Zusammenleben mit Mann und Kindern ergeben, die ihre Arbeit befeuerten.

Die angesprochene »aufgewühlte Situation« betrifft nicht etwa eine private Erschütterung, sondern bezieht sich auf die öffentlich geführte Auseinandersetzung mit Christa Wolfs Stasi-Akten. Im Mai 1992 hatten die Wolfs ihre Akten bei der Gauck-Behörde eingesehen. Zunächst ging es nur um die sogenannten »Opferakten«, dann aber kam auch eine, wenn auch sehr schmale, Täter-Akte zum Vorschein. Christa Wolf musste akzeptieren, dass sie von 1959 bis 1962 als IM »Margarete« geführt worden war. Dass es tatsächlich passieren konnte, dass sie erfolgreich verdrängt hatte, unter diesem Decknamen mindestens einen Bericht verfasst zu haben, erschütterte die Schriftstellerin, hatte sie doch die rigorose Selbstbefragung und -analyse immer als unauflöslich mit ihrem Schreiben verknüpft empfunden. Und so ist es verständlich, dass sie sich noch fast ein Jahr nach der Enthüllung der Gauck-Behörde in einem Zustand starker Verunsicherung befindet. Das Jahr 1992 hatte Christa Wolf fast ganz in den USA verbracht. Sie nahm ein neunmonatiges Stipendium an und reiste nach Los Angeles. Zum ersten Mal verbrachte sie eine solch lange Zeitspanne in der Ferne ohne Begleitung ihres Ehemannes Gerhard Wolf.

Seit 1960 schreibt Christa Wolf jeweils am 27. September in ein besonderes Tagebuch. Sie gibt ihm den Titel *Ein Tag im Jahr*. Auch der 27.9.1992 geht nicht vorüber ohne diesen Versuch, Wesentliches wie auch scheinbar Nebensächliches, Alltägliches festzuhalten. Dass das Ich sich durchhält im Chaos der Zeitläufte, dass das Subjekt sich entwickelt, sich auseinandersetzt mit der Welt, wachsen kann an dieser Auseinandersetzung, daran glaubt Christa Wolf nach wie vor, auch nach dem Zusammenbruch der DDR. Sich selbst kenntlich machen, die Zeit, in der man lebt, für die anderen plastisch erscheinen lassen, so sieht sie ihre schriftstellerische Aufgabe. Und das hat nichts Stereotypisches, auch wenn man ihr das immer wieder vorgeworfen hat. Das Ich ist verhandelbar und keine feste Größe. Es entfaltet sich mit den Erfahrungen, die es macht.

Obwohl die neuesten Nachrichten Christa Wolf in Los Angeles zuverlässig erreichen, sie also bestens informiert ist über den Stand der Diskussion über ihre IM-Tätigkeit, erlaubt sie sich eine Art »Urlaub von der Realität«, wie sie es im Tagebuch vom 27.9.1994 nennt. Das liegt auch daran, dass die Begegnungen mit Menschen an diesem Ort in diesem Jahr eher unverbindlich und ohne Verpflichtungen seien. Der Druck, unter dem Christa Wolf zuhause stand, lässt nach. Aus ihrer Arbeit jedoch kann sie nicht aussteigen und will es auch nicht. Es bleibt dabei: Sie muss und möchte jeden Tag schreiben. Und auch jetzt, mit 65 Jahren, richtet sich ihr Schreiben aus an real existierenden Personen oder Figuren aus der Mythologie. Im bereits erwähnten Tagebuch vom 27.9.1994 erzählt Wolf von einem Besuch in einer Buchhandlung: Sie habe ein Buch mitgenommen, über das viel geredet werde, »eine ganz und gar ausgedachte Geschichte, ich beneide die Autorin.«[2] Eine ganz und gar ausgedachte Geschichte könnte Christa Wolf in der Tat wahrscheinlich niemals schreiben. Sie bleibt in ihrer Arbeit nah bei sich selbst, bei ihrem Leben, und genauso eng ist ihr Verhältnis zu den politischen und gesellschaftlichen Vorgängen. Schlaflose Nächte bereiten ihr noch immer vor allem Entwicklungen in Politik und Gesellschaft, die sie auch jetzt im Alter überwach beobachtet. Das erste Leseerlebnis am Beginn eines Tages ist stets die Lektüre von Zeitungen. Der selbst auferlegten Verpflichtung zum Engagement, die auch einer tiefen Neigung entspringt, kann sich Christa Wolf nur schwer entziehen. Und so tritt sie häufiger in der Öffentlichkeit in Erscheinung, als es ihr jetzt, wo sie alt ist, guttut. Bereits in diesen frühen 90er Jahren nämlich hat Christa Wolf ziemlich starke gesundheitliche Probleme. Sie leidet unter Rückenbeschwerden und muss 1994 eine Hüftoperation über sich ergehen lassen, die allerdings keine Besserung bringt, so dass im Jahr 1995 eine erneute Operation fällig wird. Christa Wolf erlebt das Alter körperlich stark. »Ich mache Übungen, unter Schmerzen. Aber ich *will* die Muskeln doch wieder trainieren.«[3] Ihr Spiegelbild empfindet sie als »wenig erfreulich«. Sie ist der Meinung, auch was ihr Äußeres betrifft, einen großen Schritt in Richtung

Alter gemacht zu haben. Immer wieder schreibt sie über das Essen und dass sie sich bemühe, wenig und fettarm zu essen, was ihr nun gar nicht leicht falle.

1996, mit 67 Jahren, glaubt Christa Wolf schon gar nicht mehr daran, dass sie noch einmal schmerzfrei gehen können wird. Den Krückstock hat sie immer dabei, vor allem auch bei ihren zahlreichen öffentlichen Auftritten. Aber sogar die kleinen Einkaufstouren durch ihr Berliner Viertel, die sie eigentlich sehr genießt, machen zusehends Probleme.

Ihre Gehbehinderung vermittelt ihr das Gefühl, vor der Zeit zur Unselbstständigkeit verdammt zu sein, abhängig von der Hilfe anderer. Manchmal denke sie mitten am Tag, ganz plötzlich, ihre Zeit laufe ab. Im gleichen Jahr erscheint *Medea. Stimmen*, das Buch, an dem sie seit 1991 gearbeitet hat. Natürlich ist sie mit dem antiken Stoff wieder auf ihre Weise umgegangen. Die Medea Christa Wolfs erkennt die verdeckte Wahrheit in Korinth. Sie, die Fremde, weiß um das verbrecherische geheime Zentrum des Königshauses. Diese Wahrheit macht sie gefährlich, einsam, raubt ihr jeden Glauben, jede Illusion, macht sie untauglich für die Utopie, schenkt ihr eine Freiheit, die mit großer innerer Leere einhergeht. Es gibt keinen Ort mehr auf der Welt, an dem diese Medea heimisch werden könnte.

Die Wahrheit sagen müssen und nicht verstanden werden, ist eine Todesart. Indem Medea sich aus dem Objekt-Status befreit, zu einem sprechenden, leidenden Subjekt wird, steht ihr Leben auf der Kippe. In Rezensionen wird Christa Wolf von neuem vorgeworfen, sie übersetze ihre eigenen Erfahrungen überschaubar in ihre Texte. Begibt man sich in die Vielstimmigkeit des *Medea*-Textes hinein, muss man dieser Ansicht widersprechen. In keinem ihre Texte spielt die Autorin so sehr mit dem eigenen Verschwinden wie in *Medea*. Sie überlässt das Geschehen ganz den »Stimmen«. Das vielstimmige Gespräch der Figuren erfindet die Wirklichkeit des Textes. Eigentlich wünscht sich Christa Wolf gute Ausgänge für ihre Geschichten, aber es liege nicht in der Macht der Erzählerin, das zu entscheiden. Auch bei Christa Wolf schreiben die Geschichten sich auf weite Strecken selbst und jetzt im Alter gelingt ihr das Loslassen ihrer Figuren besser denn je. Sie entwickeln sich in einen offenen Ausgang hinein. Was der Autorin bleibt, ist einzig die Hoffnung, dass nicht alles in einem Scheitern enden könnte. Sie hat es aber nicht in der Hand. Ihre Medea äußert einen Gedanken, der mitten hineinführt in die Auseinandersetzung mit Alter und Tod, resignativ und doch voller Neugierde: »Auf dieser Scheibe, die wir Erde nennen, gibt es nichts mehr, mein lieber Bruder, als Sieger und Opfer. Nun verlangt es mich zu wissen, was ich finden werde, wenn es mich über ihren Rand hinaustreibt.«[4]

Christa Wolf macht es sich noch immer nicht leicht. Das Leichtnehmen entspricht ihr nicht. Eine Christa Wolf ohne Pathos wäre nicht Christa Wolf, und pathetische Sätze gibt es auch in diesem neuen Text. Sie gehören zu ihrem unverwechselbaren Ton. Wahrheit spricht aber nicht nur Medea, die die pathetische Rede beherrscht. Auch die anderen Stimmen, die der Macht und die der Ohnmacht, die der Stärke und die der Schwäche, sprechen wahr. Ihren Glauben an die für Aufklärung und Veränderung kämpfende Individualität gibt diese Schriftstellerin nicht auf, aber in unserer zersplitterten Wirklichkeit hat ein solches Subjekt weniger denn je eine Heimat.

Es scheint offenbar nicht mehr die Zeit zu sein für eine engagierte Literatur. Aufklärung wird in Wolfs Werk verstärkt zu Selbstaufklärung. Trotzdem meldet sich die engagierte, faktenbesessene, detailgenaue Beobachterin Christa Wolf immer wieder zurück. In ihrem Tagebuch-Eintrag vom 27. September 1998 erzählt sie minutiös vom Bundestagswahlabend. Ihre Wohnung ist voll, ihre Kinder und Freunde sind da. Es gibt eine »vorzügliche Leberknödelsuppe« und alle lauschen gespannt den gegen zehn Uhr feststehenden Ergebnissen. Während ihr Mann aufräumt und spült, was Christa Wolf aufgrund ihrer maroden Hüften nicht mehr schafft, zappt sie durch die Talkshows und begibt sich erst um Mitternacht ins Bett. Niemals wird es für sie zu Ende sein mit der Anteilnahme am politischen Geschehen. Und sie teilt ihre Erkenntnisse gern mit anderen, ihrer Familie, ihren Freunden.

Immer schon hat Christa Wolf körperliche Gebrechen in Zusammenhang gebracht mit gesellschaftlichen und politischen Prozessen. 2002, mit 73 Jahren, erscheint ihr Buch *Leibhaftig*, worin sie sich mit einer lebensbedrohlichen Krankheit aus dem Jahr 1988 auseinandersetzt. Sie litt mit 59 an einem Blinddarmdurchbruch mit anschließender Sepsis und Bauchfellentzündung. Christa Wolf musste fünf Operationen über sich ergehen lassen. Als wäre in jenen Wochen, kurz vor ihrem 60. Geburtstag, alles zusammengebrochen. Als hätte der Körper geahnt, dass sich die Zeiten und damit die Lebensumstände ändern würden, sehr schnell und fast ohne Übergang. In die Phase der

Rekonvaleszenz fiel das Erscheinen von *Sommerstück*. Darin wird die Geschichte eines Sommers in Mecklenburg erzählt. Ein »Jahrhundertsommer«, so heiß und trocken. Ein Sommer zum Genießen, am besten mit anderen zusammen, mit Familienmitgliedern und Leuten aus dem Freundeskreis. Aus der Rückschau beschreibt Christa Wolf eine zauberhafte, fast rauschhafte Stimmung, die aber keineswegs ungetrübt bleibt, sondern immer wieder Einbrüche erlebt, Krankheit, Krise, das Bewusstsein der Vergänglichkeit. Man taucht aus der Lektüre auf mit dem Gefühl, dass alles sich jederzeit ändern kann. Das Erscheinen von *Sommerstück* fällt in eine Phase, in der Christa Wolf unter Depressionen leidet, gegen die sie mit aller Macht ankämpft, vor allem auch, weil sie es ihrem Mann nicht zu schwer machen will. Für *Sommerstück* werden von Seiten der Kritiker die gleichen Vorwürfe laut wie 1975 beim Erscheinen von Max Frischs *Montauk*. Es geht hier wie dort um die Frage, inwieweit es gerechtfertigt sei, Menschen, mit denen man als Schriftsteller zusammenlebt, zu »missbrauchen«, indem man sie unter dem Gesichtspunkt des »literarischen Materials« betrachte. Christa Wolf hört diesen Vorwurf zum Beispiel von Günter de Bruyn. Christa Wolf kann sich nicht vorstellen, ohne Bezug zur eigenen Lebenswelt zu schreiben. Drei Jahre später, nach dem Tod des Schriftstellerfreundes Max Frisch, schreibt sie über dessen Figur Herr Geiser aus *Der Mensch erscheint im Holozän* Sätze, die sie auch über ihre eigene Arbeitsweise schreiben könnte. »Wie alle seine Figuren, selbst die, die ihm am nächsten, ja: scheinbar mit ihm identisch waren, ist auch diese ihm entfremdet, ferngerückt durch die Schrift, um eine gewisse, manchmal winzige Drehung, die allerdings entscheidend ist, der platten Gleichsetzung entzogen und in jene andere Wirklichkeit der Literatur versetzt.«[5] In ganz ähnlicher Weise schreibt Uwe Johnson an die Ehefrau Max Frischs, Marianne Oellers, als sie entsetzt reagiert über die Nennung ihres Namens in *Montauk*. Wenn man eng mit einem Schriftsteller zu tun habe, dann müsse man jederzeit damit rechnen, ins Werk einzugehen. Aber auch Johnson betont die Kraft der Verwandlung in Literatur.

Die von Christa Wolf angesprochene »Drehung« kann sich zeigen, indem verschiedene Perspektiven eingenommen werden, Zeitebenen ineinander spielen. Texte wie Gewebe, so stellt Christa Wolf sich gelungene Literatur vor, dies möchte sie erreichen. Das gilt auch für Stoffe, die fast unerträglich nah bei den eigenen Erfahrungen liegen. Wie in Christa Wolfs letztem großen Roman: *Stadt der Engel*. Viele Jahre arbeitet sie an diesem Buch. Erste Notizen entstehen 1992 in Los Angeles. Ihre beste Arbeitszeit: vormittags.

Der Glaube an das sich entfaltende Ich, an eine Art Lebenskontinuität, ist ihr fast abhanden gekommen. Ihr Gedächtnis hat sie im Stich gelassen, hat ihr einen üblen Streich gespielt. 1992, in Los Angeles, hat sie noch einmal versucht, Anschluss zu bekommen an die verdrängte Vergangenheit. Oder ist es nicht vielmehr so, dass sie es erst jetzt ernsthaft versucht, indem sie sich dem Erzählstrom überlässt, sich zurückversetzt, ihre schonungslose Selbstbefragung fortführt mit den Mitteln der Literatur. Es herrscht Dunkelheit im Innern, man könnte es dabei belassen, ja sagen zum fremden

Kern im eigenen Inneren, aber eine wie Christa Wolf kann das Graben nicht aufgeben. Sie beginnt ein neues Zwiegespräch mit sich selbst, spricht sich an als Ich und als Du. *Stadt der Engel* erfüllt über weite Strecken das, was Hannah Arendt zum Charakteristischen des Denkens zählt: Zwiegespräch zu sein zwischen mir und mir. »Mich kenntlich zu machen durch Schreiben.«[6] Durch ein nachdenkendes Schreiben, so müsste man hinzufügen. Kein Werk Christa Wolfs ist derart intensiv denkerisch durchsetzt wie dieser letzte große Roman. Und immer wieder ist es auch die Auseinandersetzung mit dem eigenen Älterwerden, die in aller Konsequenz geführt wird. »Was aber wird mir bleiben vom heutigen Tag? Daß es wieder einmal Frühling geworden ist in all seiner Pracht? Daß die Frage, ob es mein letzter, einer meiner letzten Frühlinge ist, jeden Blick grundiert?«[7] In einem Spiegel-Interview nach Erscheinen von *Stadt der Engel* spricht Christa Wolf von der Dankbarkeit, die sie empfinde, einfach dafür, dass sie auf der Welt sein konnte. »Ich habe ja viel über Konflikte gesprochen, aber mein Grundgefühl dem Leben gegenüber ist, daß ich Glück gehabt habe. Daß ich diese Familie habe, diesen Mann, diese Freunde, das ist ein unglaubliches Glück.«[8]

Christa Wolf ist überzeugt davon, dass *Stadt der Engel* ihr letztes Buch sein würde. Ein umso schöneres Erlebnis ist es für sie, als sie im Oktober 2010 in Lübeck den Thomas-Mann Preis erhält. Noch einmal kann sie in der Öffentlichkeit stehen. In ihrer Dankesrede spricht sie von ihrem engen Bezug zu Thomas Mann und davon, dass sie 1992/93 in der Nähe des Ortes war, an dem *Doktor Faustus* entstand: »Pacific

Palisades«. Wolf hat damals bemerkt, dass es keine Gedenktafel gab bei dem Haus, in dem Thomas Mann ab 1942 lebte. Sie konnte das schon damals nicht verstehen. *Doktor Faustus* ist eines der Bücher, die sie besonders stark gefangengenommen haben. »Ich sah in ihm eine der radikalsten Selbstauseinandersetzungen der deutschen Intelligenz vor dem Nationalsozialismus, und ihr Kern war und ist mir des Teufels schauderhaftes Gebot an Adrian Leverkühn: Du sollst nicht lieben.«[9]

Ein weiterer Höhepunkt des Jahres ist die Verleihung des Uwe-Johnson-Preises. In ihrer Dankesrede erzählt Christa Wolf über spannende Begegnungen mit diesem rätselhaften Schriftsteller. Nie wusste man, wen man vor sich hat, wie es ihm gerade ging, was er wirklich wollte, wenn er sieben Stunden lang blieb, trank und von unstillbarem Mitteilungsbedürfnis schier überfloss. »Mich streift eine Ahnung, wie einer lebt, der sich in jedem Augenblick bewußt ist, daß er eine Rolle spielt.«[10] Aber welche Rolle? Maskeraden, Häutungen, Verschleierung und die Sehnsucht nach Mitteilung, nach Verstehen. Ein misstrauischer Mann sei er gewesen, immer auf der Hut und wollte es nicht glauben, dass die Wolf-Töchter hingerissen gewesen seien von seiner Persönlichkeit. Er fand sich so hässlich, dass er der Meinung war, keiner könne Gefallen an ihm finden, jedermann müsse ihn verabscheuen. Aber Christa Wolf sagt in dieser Rede auch viel über sich, mehr als sie vielleicht sagen möchte. Dass jeder Schriftsteller mit einem inneren »Widerspruch« zu kämpfen habe, dass aber gerade das zu den wichtigsten »Schreibantrieben« gehöre. Und: Wie sehr Uwe Johnsons Bio-

111

grafie mit den Zeitumständen »verzahnt« gewesen sei. Verhielt es sich bei ihr nicht genauso?

Auf jeden Fall tun ihr diese öffentlichen Auftritte gut. Sie kann die Menschen, ihre Leserinnen und Leser, noch immer erreichen mit ihren Worten. Christa Wolf hat nicht aufgehört, eine mächtige literarische Stimme zu sein, die die Öffentlichkeit sucht und sich ihrem Gegenüber stellt.

Im Bewusstsein der fragilen Lage, in der sie sich gesundheitlich befindet, freut sich Christa Wolf über jeden Tag, der ruhig und ohne massive, vor allem körperliche Störungen verläuft. »Immer nehme ich mir vor, jeden Tag, jede Stunde dieses Lebens ohne Vorbehalt anzunehmen und immer unterfüttert der Gedanke an den Tod fast jede Stunde.«[11] Richtige Angst hat Christa Wolf davor, dass ihr Mann zuerst sterben könnte, auch wenn das mehr als unwahrscheinlich ist. Auch jetzt ist er ihre ganze Stütze, macht den Haushalt, geht einkaufen, umsorgt sie liebevoll.

Christa Wolf widmet ihrem geliebten Mann dann auch ihre letzte Erzählung. Sie beendet sie im Sommer 2011. Sie heißt *August*. Wolf knüpft mit diesem schmalen Werk an eine kurze Episode aus *Kindheitsmuster* an. Sie nimmt eine Nebenfigur heraus und lässt sie zur Hauptfigur werden. August, 67 Jahre alt, Busfahrer und allein lebender Witwer, erinnert sich an eine Phase aus seiner Kindheit. Er war damals acht Jahre alt und hatte auf der Flucht aus Ostpreußen seine Mutter verloren. Als lungenkranke Waise kam er in das Lungensanatorium im Schloss Kalkhorst, ein Christa Wolf bekannter Ort. Dort fand er in einer älteren Mitpatientin eine Freundin, die er vorbehaltlos lieben und verehren konnte, die gut zu ihm war und immer an seiner Seite stand. Wolf erzählt diese Geschichte nicht im Ich-Ton, es ist keine Selbsterkundungsgeschichte geworden und doch ist es Christa Wolf, die aus diesem August spricht. So vor allem, als er nach der langen Busfahrt, auf der er sich so deutlich erinnert hat an seine Kindheit, nach Hause zurückkehrt. »Er steckt den Schlüssel in seine Wohnungstür. Es ist nicht gut, in eine leere Wohnung nach Hause zu kommen. Man gewöhnt sich daran, hatten sie ihm gesagt, als Trude gestorben war. August hat sich nicht daran gewöhnt. Jedesmal kostet es ihn Überwindung, seine Tür aufzustoßen, wenn er von einer Fahrt zurückkommt. Jedesmal fürchtet er sich vor der Stille, die ihn empfangen wird und die kein Radio und kein Fernseher vertreibt.«[12] August erinnert sich an die Episode im Lungensanatorium als eine glückliche Zeit.

Am Ende ihres Lebens hat Christa Wolf aufgehört, nachzudenken über Schuld, über die mannigfachen Verstrickungen unter anderem in schwierige Zeitläufte. Im Sommer 2011 wird eine als milde eingestufte Form von Leukämie diagnostiziert. Die Ärzte sind der Meinung, man könne der Krankheit Herr werden, was sich aber als Fehldiagnose herausstellt. Die Krankheitsentwicklung ist heftig, Wolf hat mit starken Schmerzattacken zu kämpfen. Von der Erstdiagnose bis zu ihrem Tod bleibt ihr nur ein knappes halbes Jahr. Dass sie nun rund um die Uhr gepflegt werden muss und den letzten Rest Selbstständigkeit einzubüßen droht, belastet sie sehr. Ein Pflegefall wollte sie nie werden. Die Zeit, in der die Schmerzen es ihr erlauben, verbringt sie vor allem mit dem Lesen von Büchern und Zeitungen. Christa Wolf bleibt selbst in diesen schweren Wochen eine wache Beobachterin des tagespolitischen Geschehens. Bis zum Ende ihres Lebens – sie stirbt am 11. Dezember 2011 – zieht sie sich nicht in die Innerlichkeit zurück. Sie bleibt, was sie immer war: Schriftstellerin und ein politischer Mensch.

Sarah Kirsch (1935–2013):

Eigentlich ist mir das Alter schietegal

Am 20. Mai 2004, einem Donnerstag, schreibt Sarah Kirsch in ihr Tagebuch: »Später, viel später, wann ich viel älter noch bin, dann leb ich wie Frau Dickinson, verlasse nimmer das Haus. Schau mit mein Feldstecher durch alle Fenster, konstatiere, was gerade so blüht. Folgt dann die Proust-Periode, wo ich nur noch zu Bett bin … Nönö, ich renn doch spazieren.«[1]

Und dann geht sie in den Garten, freut sich an den Bäumen, die winken. 69 Jahre alt ist Sarah Kirsch an diesem offensichtlich schönen Maitag. Verwirrt ihre Leserinnen und Leser wie immer, lässt sie im Garten stehen und nachdenken über die ollen Zaubersprüche der ollen Dichterin. Rennen, losrennen tut sie auch immer noch gern. Sogar im Hemd. Denn nie wird sie es halten wie die Dame Emily Dickinson, die sie sehr schätzt, da sie eine große Dichterin war. Aber wie sie ihr Haus nicht zu verlassen, das könnte sie nie. Zu gern spaziert sie im Freien, macht sogar sehr lange Spaziergänge, auf denen sie ausgiebige Beobachtungen anstellt. Die Welt und überhaupt alles, die anderen Menschen nur aus der Ferne begrüßen, das will sie nicht. Ein wenig Nähe muss schon sein.

Seit 1983, seitdem sie 48 Jahre alt ist, wohnt Sarah Kirsch in Tielenhemme in Schleswig Holstein, in einem Haus am Eiderdeich. Hier kann sie die Bäume lesen, das Wasser und den Himmel. Dann verwandelt sie das alles in ihre Gedichte. So zum Beispiel in ihrem Gedicht *Der Frühling* vom Februar 1987:

Der Westwind hat die Schneedecke
Fortgezogen das grüne Gewand
Leuchtet hervor den Bäumen
Blies er Lava unter die Rinde.

Eisrosen wachsen am Fenster
Liegen auf dem Deich
Schneereste oder sind es
Die Lämmer gerade

Geboren? Die Erde
Reißt auf vor Schmerzen
Die Risse schließen sich
Wenn der Huflattich wuchert.

Schwarzes Pferd schwand
Vor noch die Nacht kam.

Huflattich seine Spur
Höllenblumen der Gruß.
Wundre sich niemand.[2]

Sarah Kirsch wurde in Limlingerode im Südharz geboren, studierte in Leipzig, lebte seit 1968 in Ostberlin
und siedelte im August 1977, nachdem sie aus der
SED und dem Schriftstellerverband ausgeschlossen
worden war, nach West-Berlin über. 1976 unterzeich-
nete sie den Protestbrief gegen die Ausbürgerung Wolf
Biermanns. 1978 erhielt sie ein Stipendium für die Vil-
la Massimo in Rom. Sie machte Reisen, unter anderem
in die Provence. Und jetzt Tielenhemme.

Die Jahreszeiten sind nicht erst jetzt ein großes Thema Sarah Kirschs. Sie hat einen eigenen Ton gefunden, um diese sprechen zu lassen. Doch Sarah Kirsch
ist keine Naturidyllikerin. Sie lebt nicht zeitlos an diesem wunderschönen Platz mitten in der Natur. Auf ihre
Art war sie schon immer und ist sie noch eine »politische« Dichterin, wenn es so etwas überhaupt gibt. Ihre
Vergangenheit in der DDR, ihr Leben unter Bewa-
chung, bleibt alle Zeit lesbar und ist aus ihrem Werk
nicht auszuradieren. Sehr subtil verwandelt sie das
Nachdenken über Politisches in ihre lyrische Sprache.
Zum Beispiel in ihrem Gedicht *Katzenleben*, das 1984
in Tielenhemme entstanden ist:

Aber die Dichter lieben die Katzen
Die nicht kontrollierbaren, sanften
Freien die den Novemberregen
Auf seidenen Sesseln oder in Lumpen
Verschlafen, verträumen, stumm

Antwort geben sich schütteln und
Weiterleben hinter dem Jägerzaun
Wenn die besessenen Nachbarn
Immer noch Autonummern notieren
Der Überwachte in seinen vier Wänden
Längst die Grenzen hinter sich ließ.[3]

Anlässlich der Verleihung des Huchel-Preises 1993 führt Wolfgang Heidenreich ein Interview mit der 58-jährigen Sarah Kirsch. Sie erzählt von ihrem Biologiestudium und wie gern sie sich schon immer im Freien aufhielt. Tielenhemme ist für sie da eine echte Offenbarung. Nach Jahrzehnten des Stadtlebens hat sie endlich Weite um sich, Landschaft, Himmel. Fast keine Menschen.

Manchmal beginnt Sarah Kirschs Schreib-Tag bereits um halb sechs. »Dann ist es hier wunderbar, und ich schaffe ganz viel, einfach weil ich frisch bin. Erst lese ich ein bißchen Robert Walser oder ein paar Gedichte. Arbeite durch bis Mittag, das ist viel Zeit, weil man sehr konzentriert ist.«[4] Sarah Kirsch wehrt sich in diesem Interview auch gegen einen Vorwurf, den sie immer wieder hört: Sie produziere »Texte der intellektuellen Unterforderung.« Auf solcherlei Anfeindungen antwortet sie, indem sie betont, sie versuche, einfach zu sein, je älter sie werde, umso stärker. Diejenigen, die Einfachheit mit intellektueller Unterforderung verwechseln, müssten erst einmal erklären, was genau sie darunter verstehen. Sarah Kirsch schreibt mit Sicherheit keine Kopf-Lyrik, aber sie regt mit ihren Gedichten das Denken sehr wohl an. Ein gedankenloses Herangehen an ihr Werk würde die Freude daran schmälern. Auch den Vorwurf, sie würde Idyllen schreiben, weist sie weit von sich. Im Gegenteil, die Städter seien es doch, die in einer Art Idylle leben, weil sie viel besser verdrängen können. Sie, die sie auf dem Land lebe, sehe genau, wo ihr Spülwasser hinfließe. Dass sie als eine der bedeutendsten Naturlyrikerinnen unserer Zeit gilt, will sie nicht so einfach stehenlassen. Sie schreibe keine Naturlyrik.

Sarah Kirsch beobachtet genau, jede Kleinigkeit wird von ihr registriert. Ihr Blick ist wissenschaftlich und poetisch in einem. In dieser speziellen Verbindung von naturwissenschaftlicher Exaktheit und poetischer Verwandlungskunst kann man in ihr eine Schwester Annette von Droste-Hülshoffs erkennen. Überhaupt wird Sarah Kirsch im Alter der Droste immer ähnlicher. Zwei Dinge sind für die eine wie für die andere überlebensnotwendig: die Natur und das Schreiben. Auch in der engen Verzahnung von Leben und Kunst finden sich Parallelen.

Zwischen ihrem Leben und ihrem Schreiben trennt Sarah Kirsch nicht. »Ich weiß nicht, warum das bei mir so ist. Es macht mir Spaß, so zu leben wie ein Gedicht.«[5] Im gleichen Interview aus dem Jahr 2005 sagt die 70-jährige Schriftstellerin über das Alter: »Ich spüre das Alter nicht. Man wird innerlich nicht so schnell alt, wie man in Wirklichkeit alt wird. Innerlich bin ich noch immer die, die mit ihrer Mutter irgendwo langgeht. Aber eigentlich ist mir das Alter schietegal. Ich weiß nur, daß ich mich nicht mehr so gern verlieben möchte. Das ist mir zu unbequem. Das kann ruhig etwas ruhiger zugehen. Ich bin immer ganz gut mit mir ausgekommen. Ich hatte eine Mutter, von der kommt das Urvertrauen. Deswegen habe ich nie Angst. Mir ist immer, als sei meine Mutter noch da, obwohl sie vor fünf Jahren gestorben ist. Zu jedem Geburtstag ruft sie als Erste an. Diese Mutter war ein großes Geschenk.«

Zwischen 2002 und 2003 entstehen feine, geradezu zauberhafte Aufzeichnungen, die allerdings erst 2014 aus dem Nachlass herausgegeben werden. Sarah Kirsch konstatiert, es passiere ihr oft, dass sie in ihren Arbeiten lese und feststelle, dass sie zitiert habe, unwissentlich. Und dann schließt sie daraus, ein Dichter solle wohl besser namenlos sein. Als würden alle an einem großen Gedicht schreiben und dabei im Gespräch miteinander sein. In der Tat steht Sarah Kirsch überhaupt nicht gern im Mittelpunkt und in der Öffentlichkeit schon gar nicht. Das ist nicht erst im Alter so. Ein wenig menschenscheu ist sie schon, aber nur, wenn es sich um größere Menschenansammlungen handelt. Ansonsten und im kleinen Kreis ist sie durchaus kommunikativ, hat gern Gäste, isst gern gemeinsam mit anderen.

Eingestreut in ihre nachgelassenen Tagebuchaufzeichnungen finden sich immer wieder Gedichte.

> Die Möwen sind aus der
> Stille entstanden die bis jetzt
> Über den Koppeln hing.[6]

Wirklichkeit und Fantasie, Sehen und Sichtbarmachen. Auch tagesaktuelle Nachrichten finden ihren Platz in den Aufzeichnungen. Explosionen auf Bali, Vorkommnisse im Gazastreifen, der Friedenspreis des Deutschen Buchhandels an Chinua Achebe. Dann kauft Sarah Kirsch sich einen Taschenkalender für 2003, in dem Sonnen- und Mondaufgänge und -untergänge verzeichnet sein müssen. Am 23. Oktober schreibt sie ein Gedicht:

> Es ist wohl der letzte
> Tag an dem ich wie
> Ein Kakadu auf der Veranda
> Sitze mich erinnern
> Wärmen kann.[7]

Am Tag darauf kommt die Nachricht von der Besetzung des Moskauer Musical-Theaters durch tschetschenische Rebellen. Am 27.10. reist jemand vom Marbacher Literaturarchiv an, um »Archivgut einzuheimsen«. Es gibt auch freudige Ausrufe zum Beispiel nach einer erfolgreichen Wurzelbehandlung beim Zahnarzt. Da gönnt sich Sarah Kirsch ein Stück Butterkuchen aus dem Tiefkühlfach: »Ach wie lustig glänzet die Welt.«[8] An manchen Tagen ist auch Sohn Max, genannt Maurice, vor Ort, der einkauft und etwas Leckeres kocht.

Es ist schon faszinierend sich vorzustellen, wie eine überhaupt nicht weltfremde Dichterin in einem Haus fernab jeder Stadt lebt, sich freut am dicken Nebel, an Graupelschauern, an Wetterfronten. Vor allem den schneeweißen Nebel mag sie.

> Das Flüstern das
> Flüstern grauhaarigen
> Schilfs ich hör schon
> Den Regen Tacheles reden.[9]

Sarah Kirsch liest sehr viel, immer wieder erzählt sie von ankommenden Postpaketen mit Büchern. Mit Kritik an Kollegen und Kritikern spart sie nicht. *Abbitte* von Ian McEwan hält sie für eine Bestseller-Fleißarbeit und am 6. Dezember schreibt sie: »Heute hat Herr Peter Handke 60. Geburtstag und Herr Peter Hamm würdigt den Jubilar. Der hätte sich immer neu erfunden. Was für ein Blödsinn.«[10] Verständlich, denn was heißt das auch schon: sich erfinden? Natürlich erfinden Dichter, aber was ist das für ein Ich, das sich erfinden soll?

Sarah Kirsch selbst geht sehr viel spielerischer um mit Innen und Außen, mit Ich und Welt. Da findet »Vermischung« statt, da ist alles wahr und alles erfunden. Sarah Kirsch liebt es, zu spielen, auch mit Bewusstseinszuständen.

> Erinnere oh erinnere
> Dich was du
> Vergessen wolltest.[11]

Wenn man in den Aufzeichnungen liest, hat man den Eindruck, dass Sarah Kirsch auch eine begeisterte Filme-Guckerin ist. Am 25. Dezember zum Beispiel schaut sie sich gleich sechs Filme im Fernsehen an. Ihre Lieblingsfilme sind das tschechische Aschenputtel, Jacques Tati und Filme mit Doris Day, In der kleinen Form der Tagebuchaufzeichnungen ist alles präsent: der Alltag, die große weite Welt, Politik, die Arbeit. Dies ist eine Art, Ordnung zu schaffen, sich zu vergewissern. Eine Art Vergewisserungs-Poesie. In die Abgeschiedenheit kommt die Welt herein und nimmt

Platz. Diese Dichterin macht die Fenster und Türen ihres Hauses nie ganz zu, ein Spalt bleibt immer offen. Sie schafft es, ihre Kunst anzusiedeln auf der Grenze zwischen Innen und Außen, so dass die Grenze selbst unsichtbar wird. Es ist wie bei der Droste, wie bei Emily Dickinson: Im Abseitsstehen weitet sich der Blick. Und weiter abseits als jetzt stand Kirsch noch nie. Die Begabung, eine Poesie voller Welthaltigkeit zu schreiben, zeigt sich bei Sarah Kirsch gerade im Alter. »Ab und zu rausgeschaut, dieses und jenes registriert.«[12]

Sarah Kirsch hat beim Lesen natürlich gewisse Präferenzen. So liebt sie besonders die japanische Literatur. Diese Vorliebe färbt ab auf ihre eigene Arbeit, in der sich haiku-artige Gedichte finden:

Schnee ein Brief
Mit Zaubertinte
Und vor langer
Zeit geschrieben.[13]

Da schwebt das Ich, hat selbst etwas von der Schneeflocken-Art und schmilzt schließlich. Sarah Kirsch schreibt immer über alles, beziehungsweise alles stellt sich ein, sobald sie mit dem Schreiben beginnt.

Draußen ist es tief verschneit. Doch von wegen Frieden, von wegen Ruhe: »Die amerikanischen Regierenden wollen die Sicherheit des Nahen Ostens durch eine neue Ordnung herstellen, das traun sie sich zu. So wie sie erst Hussein begünstigt haben und nix daraus lernten machen sie weiter. Strohdumm und sehr gefährlich. Dass sie Bin Laden favorisierten, haben sie auch vergessen. Ich kann mir gruseln.«[14]

Ein positives Gruseln hingegen stellt sich ein beim Schauen von Kriminalfilmen. Am Plot ist Sarah Kirsch überhaupt nicht interessiert, egal was passiert, für sie ist es spannend, welche Gänge ein Mensch entlanggeht, wie das Mobiliar eines Zimmers aussieht. Das findet sie faszinierend.

Auch über ihre Lesereisen spricht Sarah Kirsch. Dass sie gern vorlese, aber nicht so gern über das Gelesene mit den Zuhörern diskutiere.

Köstlich ist eine Beschreibung Weimars, wohin es sie lesenderweise verschlagen hat. Da nerve Goethe ein bisschen. Und dann noch Gingko an jeder Straßenecke. Und die Pferdekutschen und wie das wohl erst im Sommer sein würde, wenn es im März schon so voll sei. Die Reise geht weiter nach Jena und schließlich hat sie genug von fremden Betten und will nur noch nach Hause. Am 21. März 2003 notiert sie: »Bush bildet sich ein, 40 Staaten stünden hinter seinem Krieg. Auf dem Deich die hingemordeten Bäume besichtigt.«[15]

Nach ihrem Tod am 5. Mai 2013 im Alter von 78 Jahren betont Lothar Müller in seinem Nachruf in der »Süddeutschen Zeitung«, Sarah Kirsch sei eine »Dichterin der Gegenwart« gewesen, weshalb in ihren Büchern ihre Biografie enthalten sei. Sarah Kirsch war aber ebenso eine Dichterin des Immer-Wieder, des Immer-noch-da, der Wiederholung, der Ich-Ferne. Eine Dichterin, deren Gedichte in der Gegenwart leben und gleichzeitig die Gegenwart durchstoßen. Es ist eine poetische Vergewisserung dessen, was (hoffentlich) nie sterben wird: die Jahreszeiten, Gezeiten, die Krähen, Störche und Frösche, Blumen und Bäume.

Nicht zuletzt sind all ihre Gedichte auch eine Beschwörung der einsamen Liebe:

> Dieser Abend, Bettine, es ist
> Alles beim Alten. Immer
> Sind wir allein, wenn wir den Königen schreiben
> Denen des Herzens, und jenen
> Des Staats. Und noch
> Erschrickt unser Herz
> Wenn auf der anderen Seite des Hauses
> Ein Wagen zu hören ist.[16]

Welche Dichterin hat derart intensiv und unverkrampft die große Politik und die große Liebe zusammengebracht? Sie ist im Alter noch einfacher geworden, aber nicht weniger klar im Poetisieren von Weltgeschehen, Naturgeschehen und menschlichen Tragödien.

Maria Beig (geb. 1920):

Man wird nicht langsam alt, sondern von heut auf morgen

Was ist, wenn ein Werk überhaupt nur aus dem Alterswerk besteht? Wenn jemand sich mit 57 Jahren zum
ersten Mal hinsetzt, um zu schreiben?

Bei Maria Beig, geb. 1920, ist genau das eingetre-
ten. Ihr erster Roman, *Rabenkrächzen*, erschien 1982.
Damals war sie 62 Jahre alt. Kam dieser Text einfach
so aus dem Nichts heraus? Was war alle die Jahre
zuvor? Maria Beig lebt ja doch nicht erst seit dieser
Zeit. Sie war ein Kind, ein junges Mädchen, eine Lehrerin, eine verheiratete Frau, eine Mutter. Manches

davon ist sie noch heute. Aber jetzt ist sie vor allem eins: Schriftstellerin. Eine bekannte und mit Preisen bedachte Schriftstellerin.

Die Geschichte hat einen Anfang: Die Lehrerin Maria Beig lässt sich 1977 mit 57 Jahren vorzeitig pensionieren und tritt aus dem Schuldienst aus. Sie hat nun plötzlich viel Zeit. Die Hausarbeit hat sie während ihrer Berufstätigkeit in Windeseile erledigt. Jemand Fremdes durfte während ihrer Berufstätigkeit nicht ins Haus, keine Putzfrau etwa, da war der Mann dagegen. Nun braucht sie sowieso keine Hilfe mehr. Sie könnte ab jetzt alles ganz langsam angehen lassen, aber selbst, wenn sie das Tempo herunterschraubt, bleiben viele leere Stunden. Maultaschen selbst machen wie jede gute schwäbische Hausfrau, das wäre immerhin eine Option. Solch eine Arbeit braucht den ganzen Vormittag. Aber dann sagt der Mann nach dem Essen: »Die fertigen Maultaschen, die du beim Metzger gekauft hat, sind eh besser.«[1]

Was also tun, um die vielen freien Stunden zu füllen? Fenster putzen, aufräumen, Staub wischen? All diese Tätigkeiten können die Niedergeschlagenheit nicht vertreiben, unter der Maria Beig leidet. Sind es einfach nur die Wechseljahre? In gewisser Weise schon. Etwas ist im Anmarsch, eine neue Ära zieht herauf, in spezieller Weise verbinden sich die Zeiten und Lebensphasen. Und alles verändert sich.

Maria Beig beginnt damit, sich mit ihrer Vergangenheit auseinanderzusetzen. Nachts, wenn sie nicht schlafen kann und wach liegt, überfallen sie Bilder von früher. Diese Bilder wollen in eine Art Ordnung gebracht werden. Sie zeigen die Neigung, sich zu Geschichten auszuwachsen. »Dann drängte es mich – die Schwalben zwitscherten zum Abschied – manches schriftlich festzuhalten. Dabei wunderte ich mich, wie groß die Lust war, dies zu tun. Den Haushalt machte ich wieder im Handumdrehen. Bereits am frühen Morgen spitzte ich die Bleistifte, um das zu schreiben, was mich nachts überfiel.«[2]

Von Anfang an mischt sich Erfundenes unter das Erlebte und es entsteht Literatur. Liest man diese Texte, wird einem sehr schnell klar, dass Maria Beig nicht schlagartig von der Hausfrau und Lehrerin zur Schriftstellerin geworden ist. Sie war nie hauptberufliche Hausfrau und Lehrerin, die ganz plötzlich die Lust am Schreiben entdeckt hat, um ihre leeren Stunden zu ertragen. Sie war schon immer Schriftstellerin, aber nun weiß sie es auch und kann sich nicht mehr flüchten in eine andere Arbeit. Sie hat einen Berg an Erlebtem, an Erfahrungen, an Beobachtungen anwachsen lassen, bis er so hoch geworden war, dass sie drohte, daran zu ersticken. Sie stände weiterhin neben sich, würde sich nur immer fremder werden, geschähe nicht endlich etwas. Und so tut sie schließlich das, was sie wirklich kann, was ihr Eigenstes war und ist: Sie schreibt. Und wird schreibend zur Chronistin ihrer Zeit, zu einer fantasievollen Chronistin, die ihren Figuren Raum lässt, sich zu zeigen. Es gibt keine leeren Stunden mehr für sie. Das literarische Gespräch mit ihren Figuren füllt die Tage und Nächte.

Maria Beigs erstes Buch *Rabenkrächzen* beginnt mit einer Trauerfeier. »Ein uralter Mann wurde beerdigt, und der kleine Friedhof, der die Dorfkirche umrahmt, war voller Menschen.«[3] Beim Lesen stellt sich sogleich im Kopf ein Bild ein, das immer bunter wird, je mehr Personen vorgestellt werden. Dabei hat die Autorin von der ersten Zeile an ihren eigenen Ton gefunden. Es ist ihre Lebensmelodie, ihr Lebensrhythmus, die sich ins Schreiben hinübergerettet haben, sich in diesem ersten und allen weiteren Texten entfalten. Sie erzählt, was sie erzählen muss, aber sie tut es in aller Freiheit. Die Autorin bestimmt, wann, in welcher Zeit die Geschichte spielt und sie bestimmt, wo, an welchem Ort. Sie erinnert sich an die Menschen, die sie gerade erfunden hat, wodurch ihre Romane gleichzeitig eine Art Chronik sein können. Maria Beig ist keine Voyeurin, sie psychologisiert nicht. Trotzdem zeugen ihre Figurenzeichnungen von großem psychologischen Feingefühl, wie bei der Schilderung einer Mutter, die fast alle ihre Kinder auf den Spätherbst oder Winter hin bekommt: »Da hatte sie Zeit, sich auszuruhen, den Schneeflocken zuzuschauen, was sie besonders gern tat, und das Neue konnte gepflegt werden.«[4]

In *Ein Lebensweg* schreibt Beig vom »Gleichmut«, der von Beginn ihres Schreibens an wichtig für sie ist. Ihr Alters-Blick auf das Leben, auf Vergangenes und Gegenwärtiges, ist von Gleichmut durchzogen. Alles, was sie erzählt, ist wahr. Martin Walser, ein großer Bewunderer und Förderer Maria Beigs, spricht von ihr als einer, die nicht groß erzähle oder schildere, sondern einfach sage. Er rückt sie damit sogar in die Nähe Homers.

Das Leben ist ungeheuerlich. Und vor allem für diejenigen, denen man gar nicht wirklich zu leben erlaubt, denen man immer und immer wieder zeigt, dass sie kein Recht haben, etwas zu wollen, sich etwas zu wünschen. Zum Beispiel eine Liebe. Zu denjenigen, die am Rande stehen bleiben, während andere bekommen, was sie wollen, gehören für Maria Beig die unverheirateten Frauen. Ihnen widmet sie einen Roman: *Hochzeitslose.*

Man hätte annehmen können, sie würde nun, nach einem Leben voller Arbeit für andere, endlich sich selbst in den Blick nehmen und zu Wort kommen lassen. Stattdessen erzählt sie die Geschichten anderer. Meistens sind es Frauen. In *Hochzeitslose* heißen sie Babette, Helene, Klara oder Martha. Maria Beig haben es Leben angetan, die sich irgendwie verlaufen, dahinirren, stolpern, nicht mitkommen mit denen der Erfolgreichen, Angekommenen. Wie Klara, eine der »Hochzeitslosen, eine hübsche zwar und reich obendrein, aber sie erträgt keine große Nähe und wehrt sich gegen Berührungen aller Art. Eine einzige Eigenschaft drückt ihr Wesen aus: »... häufig war sie zu Tränen gerührt, eine Träne aber hat nie ein Mensch bei ihr gesehen. Immer, bevor sie kommen sollte, faßte sich Klara.«[5]

Diese Frauen kommen den Lesern mit einem Satz nahe und bleiben ihnen doch fern, weil es eine fremde Welt ist, in der sie leben. Die Autorin durchleuchtet nicht die Psyche der Frauen, und so können sie von sich aus etwas zeigen. Die Schriftstellerin Maria Beig tritt einen Schritt zurück, bevor sie sagt, was zu sagen ist. Am Anfang ihrer Schriftstellerinnenlaufbahn stößt sie weitgehend auf Widerstand. Vor allem Menschen aus ihrem engsten Familienumfeld reagieren zum Teil äußerst ungnädig. *Rabenkrächzen* wird als Frechheit abgetan. Die Menschen im Dorf verstehen nicht, wie man auf eine derart »kritische« Weise mit ihrer Heimat umgehen kann. Manche glauben sich zu erkennen in einer Geschichte und sind entsetzt. Aber auch diejenigen, die sich nicht wiederfinden, schimpfen beleidigt. Maria Beig bekommt böse Briefe und Telefonanrufe, sogar von dem Pfarrer. Aus der Ferne hingegen kommt viel Lob. Da schreiben Leute an Beig, sie habe ihnen einen Zugang zur Mentalität der Menschen in Oberschwaben verschafft. Andere, die aus der Gegend stammen, aber weggezogen sind, betonen, diese Literatur habe ihnen gezeigt, was Heimat sei.

Manche Briefe rühren die Schriftstellerin sehr. Nach dem Erscheinen von *Hochzeitslose* schreibt ein Mann, er sei ledig, verdiene genug in seinem Beruf und besitze ein Häuschen. Er würde sehr gern eine der von Beig beschriebenen unverheirateten Frauen ehelichen. So nah also kommen die Figuren manchen Lesern, dass sie über der Lektüre vergessen, dass ja alles nur erfunden ist.

»Dann beschäftigte mich die Gestalt Hermine.«[6] Hermine, das Kind, das Mädchen, das Fräulein, die Frau. Ein ganz normaler Lebenslauf, könnte man meinen. Aber was Maria Beig dazu einfällt, ist mehr als ungewöhnlich, eine wundersame Erfindung. Hermine nämlich hat es in extremer Weise mit den Tieren. Die Begegnungen mit Tieren, echten und fantasierten, eröffnen Hermine den Erlebensspielraum, in dem sich ihre Biografie entfaltet. Ihr Leben ist vor allem erfüllt von Schrecknissen aller Art. Da muss Hermine erleben, wie eine Zecke sich in ihrer Brust festsaugt und sie gerade in dem Moment, als ihre Hochzeit kurz bevorsteht, ein starkes Gefühl der Schwere empfindet. Natürlich lässt es sich nicht genau sagen, woher das plötzliche »Brustweh« kommt, haben wir es doch nicht mit einer psychologischen Abhandlung, sondern mit Literatur zu tun. Die Zecke, der Mann, die Hochzeit: Da kann man sich schon fürchten. Hermine heiratet schließlich doch, wird Mutter einer Tochter, arbeitet als Lehrerin und dann kommt die Krise, eine ernste, echte Lebenskrise. Nachts hört sie eine Eule, und zwar viele Nächte lang, bis sie sich entschließt, eine Kur zu machen, weil sie überhaupt nicht mehr schlafen kann. Ihre Tage sind eine reine Quälerei. Aber nicht die Ärzte bringen Besserung. Die Wende zum Guten geschieht in der Natur, draußen, bei den Vögeln. Und siehe da: Die Eule verliert ihren Schrecken, verwandelt sich in ein irgendwie freundlich grinsendes Tier. So kommt es, dass das letzte Tiererlebnis eine Amsel zur Hauptfigur hat. Hermine träumt von ihren Brüdern und dem Krieg. Vor allem zu einem Bruder hatte sie ein besonderes Verhältnis, bevor er fiel. Sie stellt ihm kecke Fragen, aber er wendet sich ab, geht pfeifend davon. »Noch nie hatte Hermine einen Menschen so schön pfeifen gehört. Plötzlich stand sie nicht mehr am wüsten Ort, sondern auf der kleinen Anhöhe hinter dem Haus, wo man weit in die Felder sah. Es war ihr nicht mehr schwer, sondern froh zumute. Und dort ging der Bruder mit der Sense, immer weiter, den Weg in die Felder. Je weiter er ging, desto fröhlicher und lauter wurde sein Pfeifen. Grade als sie sich darüber wunderte, wachte sie auf. Es war eine Amsel, die vor dem Fenster sang.«[7]

Was für ein Erfindungsreichtum, welch schillernde Fantasie! So kann also eine schreiben, die allzu lange ihren wahren Beruf versteckt hielt. Maria Beig ist eine große Anfängerin, voller Mut. Aber sie muss es lange schon gewusst haben, dass sie irgendwann den Stift in die Hand nehmen würde. So eigen sind ihre Geschichten, so fantastisch wahr. Und so schreibt sie weiter, nichts mehr ist wichtiger. Sie hat die Kraft für diese Arbeit, obwohl oder vielleicht gerade weil sie das Alter deutlich spürt.

Eines Tages auf dem Nachhauseweg vom Einkaufen, in der einen Hand die schwere Einkaufstasche, in der anderen Hand einen Schirm, fällt sie auf dem Gehweg hin. Das ist ein Schreck. Das Hinfallen wiederholt sich. Sie merkt, dass das Gehen beschwerlicher wird, weshalb sie einen Spazierstock benutzt. Außerdem freut sie sich, dass ihr Mann jetzt manchen Einkauf übernimmt. Beigs Erfahrung des Alterns hat zu tun mit Plötzlichkeit: »Man wird nicht langsam alt, sondern von heut auf morgen.«[8] So spricht sie zu ihrem Mann. Maria Beig ist keine, die irgendetwas leicht nimmt. Dazu taugt sie nicht. Es muss schwierig sein, wenn jemand seine Umgebung, den Ehemann, die Kinder, Verwandte, Freunde, Nachbarn irgendwann spät im Leben damit konfrontiert, dass man bisher auf eine Art »falsch« gelebt hat. Es ist, als hätte man jahrzehntelang Kleider getragen, die einem nicht passten. Und eines Tages merkt man es, reißt sich die falschen Kleider vom Leib und stellt fest, dass sie ja das bisherige Leben waren. Als Maria Beig so nackt vor dem Spiegel steht, hat sie das starke Bedürfnis, sich die passenden Kleider selbst zu nähen. Was sie nicht losbekommt, ist eine gewisse Schwere, die zu ihrem Ton gehört und nichts mit dem Alter zu tun hat.

Die anderen Menschen müssen immer mit unvorhersehbaren Reaktionen rechnen. Zum Beispiel bei einem Urlaub an der Nordsee. Wunderbar, denkt man, ausspannen, gute Luft, Ruhe, das Meer. Maria Beig aber kann den Aufenthalt überhaupt nicht genießen, wird appetitlos und fiebert schließlich sogar. Und diese »Nordseefrauen« mag sie grundsätzlich nicht. Es ist, als könne sie nicht warten, bis sie wieder am Schreibtisch sitzt. Sie »verarbeitet« bereits mitten in der Erfahrungsdichte, ist innerlich beschäftigt mit der Geschichte, die sich zu formen beginnt, auch wenn noch keine Zeile davon auf dem Papier steht. Sie erlebt extrem und die Menschen um sie herum müssen es aushalten, müssen sie aushalten. Besonders in Umbruchszeiten, in Phasen also, die etwas Neues zu Tage fördern sollen, ist Maria Beig besonders dünnhäutig. Ihr Mann ist der Meinung, das Leben müsse vor allem »geleistet« werden. Und mehr als eine gesteigerte Zufriedenheit könne man nicht erwarten. Für Maria Beig hat sich just in dem Moment, als das Alter vor der Tür stand, gezeigt, dass ihr Zufriedenheit niemals genügen und eigentlich auch nicht gelingen würde. Und gerade deshalb begleitet sie ihre Protagonisten und Protagonistinnen auf ihrer Suche nach einem Ort jenseits der Zufriedenheit. Vielleicht ein wenig Glück, das müsste es doch geben können. Es sind vor allem Frauen, die ihre Geschichten bevölkern. Sie werden am ehesten mit der Perspektive Zufriedenheit abgespeist.

Martin Walser, der eigentlich ein großer Laudator Maria Beigs ist, will sie trotzdem nicht als genuine Schriftstellerin sehen. Für ihn ist sie hochbegabte Chronistin einer Zeit, einer Welt – der Maria-Beig-Welt. Ähnlich drückt sich Peter Hamm aus, wenn er meint, Maria Beig sei weniger als etwa Marieluise Fleißer auf den literarischen Einfall angewiesen. Alle ersten Sätze Maria Beigs sind aber literarische Einfälle. Ohne diese Einfälle hätte sie keine einzige Geschichte beginnen können. Zum Beispiel die Geschichte über Klara in *Hochzeitslose*: »Klara war kein Bauernmädchen, doch sie lebte zwischen ihnen wie eine Perle zwischen Steinen oder wie eine Pappel im Obstgarten.«[9] Dieser erste Satz eröffnet die Welt, in der sich die Geschichte zuträgt. Es ist eben nicht umgekehrt, dass die Sprache der Welt Rechnung trägt. Nicht die Welt ist zuerst da, sondern das literarische Sprechen. Das könnte die Schriftstellerin nicht, wenn sie nicht wie alle Schriftstellerinnen und Schriftsteller abhängig wäre vom literarischen Einfall. Natürlich spielen diese Geschichten in Maria Beigs Heimat und natürlich glauben manche Leute, sich wiederzufinden, was sie mit Schrecken erfüllt, denn niemand möchte leben wie Beigs Figuren. Diesen Menschen fällt es schwer zu akzeptieren, dass die Wirklichkeit, die sie beschreibt, eine literarische ist. Was die Autorin verkündet, ist eine literarische Wahrheit, eine Wirklichkeit, die es genauso nicht gab und nicht gibt. Das von Martin Walser und Peter Hamm beschworene Maria-Beig-Land ist Fiktion. Trotzdem ist sie auf ihre Art eine Chronistin, mit Erfindungsgeist und Fantasie. Und genau in diesem Punkt ist sie eine Schwester von Marieluise Fleißer. Helen Meier,

Schweizer Schriftstellerin und große Bewunderin von Maria Beig, schreibt der Kollegin im Juni 1995 einen Brief, nachdem sie einem jungen Studenten in Hamburg *Rabenkrächzen* empfohlen hat: »Da schreiben Sie Geschichten von abgelegenen Bauersleuten, von Familien vor, im und nach dem Krieg, und ein viel später Geborener, ein Städter, einer, der sozusagen keine Ahnung hat, hat plötzlich mehr als Ahnungen: Bilder, Empfindungen, Erschütterungen. Gemütsbewegungen werden ja, das wissen wir beide, nicht nur durch Leben und Gelebthaben verursacht, sie werden, das ist ein Wunder, uns auch durch die Literatur gegeben.«[10]

Man tut Maria Beig Unrecht, wenn man sie als reine Chronistin abstempelt, ihr das Erfinden abspricht, wie es in dem Band *Maria Beig zu ehren*, der zu ihrem 90. Geburtstag erschien, leider immer wieder geschieht. Peter Renz etwa schreibt: »Dieser Autorin käme es gar nicht in den Sinn Geschichten zu erfinden.«[11] Das wäre, als würde sie noch immer handarbeiten, häkeln, kochen, einen Haushalt führen. Die Frau, wenn sie denn dichtet, tut es getreu der Wirklichkeit, wie sie sich faktisch darbietet. *Hermine*: nicht erfunden? *Hochzeitslose*: nicht erfunden? Dabei ist es gar nicht so schwer zu begreifen: Als Beig mit dem Schreiben beginnt, muss sie ihr »altes« Leben abwerfen. Sie hält es ohnehin nicht mehr aus. Es bleibt jedoch ein Teil davon bei ihr und verwandelt sich in die Leben anderer hinein. Als auktoriale Erzählerin kann Maria Beig so tun, als ginge es gar nicht um sie, sondern um die anderen, ihre Figuren, ihre Protagonistinnen und Protagonisten. Denen sie Namen gibt. Dabei ist sie eine moderne Schriftstellerin. Sie kennt den Überdruss am

Ich, den Widerwillen dem eigenen Leben gegenüber. Was Gustave Flaubert 1853 an Louise Colet geschrieben hat, könnte aus der Feder Maria Beigs stammen: »Schreiben ist etwas Köstliches, nicht mehr *man selbst* zu sein, sondern in der ganzen Schöpfung kreisen, von der man spricht. Heute zum Beispiel bin ich als Mann und Frau zugleich, als Liebhaber und Geliebte an einem Herbstnachmittag unter den gelben Blättern durch einen Wald geritten, und ich war die Pfade, die Blätter, der Wind, die gesprochenen Worte und die rote Sonne, die sie ihre von Liebe getränkten Augenlider halb schließen ließ.«[12]

Maria Beig ist Hermine, das Kätzchen, der Rabe, die Eule, der Igel, der alte Bauer und seine Schwester, die Amsel und die Nacht, Felder, Wiesen, Stuben. Es ist das in der Schöpfung kreisende Ich, von dem Flaubert spricht.

Wenn Maria Beig in *Ein Lebensweg* zum ersten Mal als Ich-Erzählerin schreibt, misstraut man diesem Ich von Anfang an. Die Leserinnen und Leser erkennen genau, dass es sich um »einen« Lebensweg handelt. In diesen Lebensweg hinein erfindet sich das Ich. Es ist ein Ich, das sein Leben lang nach einer Heimat gesucht hat. Sie ließ sich nicht finden und wird sich nicht mehr finden lassen. Sie bleibt eine Sehnsucht, aber es gibt den Rettungsversuch am Abgrund entlang, der Schreiben heißt. Nach langen Jahren schlichten Dahinlebens hat sich diese Schriftstellerin doch noch ein Leben erschrieben – und was für eins. Prall gefüllt ist es mit Schrecknissen und Ängsten, aber auch mit kleinen Glücksmomenten. Auf der Suche nach dem Wort, mit dem sich im Alter am besten existieren lässt, erkennt das erzählende Ich schließlich, mit *Gleichmut* könnte Leben gelingen. Wieder ist das Wort die erste Wirklichkeit. Das Wort macht Platz, schafft Raum, der sich wird füllen lassen. Maria Beig wird niemals gleichmütig sein, aber sie hat für sich das Wort gefunden, das eine Tür ist.

Mit ihrem Mann zusammen zieht sie 2005 um nach Immenstaad am Bodensee. 2008 stirbt der Mann. 2009 erscheint *Ein Lebensweg.*

2010 feiert die Schriftstellerin ihren 90. Geburtstag.

»Gleich geblieben ist meine Unfähigkeit, hohle Stunden zu ertragen, so habe ich wieder angefangen zu schreiben.«[13] So lautet der letzte Satz von *Ein Lebensweg.* Alles auf Anfang.

Gerlind Reinshagen (geb. 1926):

In dieser Nacht, erinnere ich mich,
schwor ich mir Freiheit
bis zum letzten Atemzug

Gerlind Reinshagen sitzt fast jeden Morgen um 6 Uhr
am Schreibtisch, neben sich eine Kanne starken Kaf-
fee. Sie wird beherrscht vom Gefühl, die Zeit laufe ihr
davon, mit jedem Tag werde die Luft zum Arbeiten
dünner. Die körperlichen Kräfte lassen schon lange
nach. Seit dem Tod ihres Mannes im Jahr 2011 wohnt
sie allein in ihrer schönen Altbauwohnung in Berlin-
Friedenau. Immer wieder spielt sie mit dem Gedanken,

in ein Heim zu ziehen, aber sie hat Angst vor der Einsamkeit, vor dem Verlust an persönlicher Freiheit und vor allem davor, dass ihr in einer solch behüteten Atmosphäre die Ideen ausbleiben könnten.

Noch ein letztes Mal will sie sich an einem Stück versuchen. Manchmal, so sagt sie, brauche sie drei Wochen für acht Zeilen. Ihr Anspruch ist hoch, an jedem Satz wird endlos gefeilt. Kommt rüber, was atmosphärisch gemeint ist? Zieht das Geschehen die Leser, mögliche Theaterzuschauer in Bann? Ist eine solche Art des Schreibens, der Figurengestaltung wie die Ihre überhaupt noch zeitgemäß? Und: Was überhaupt wird bleiben von ihren Büchern, ihren Stücken, diesem umfangreichen Werk, wenn sie einmal nicht mehr lebt? All diese Fragen stellt sich Reinshagen immer und immer wieder und sie stellt sie auch anderen, ihrem Verlag, ihrem Lektor, den Freunden, ihren Töchtern.

Das Beiseitestehen, das Sich-beiseite-Drücken sei eigentlich eine Chance, darin bestehe eine große Möglichkeit des Alters. Man müsse ja nicht mehr überall mitmischen, man könne eine Art Verschwinden inszenieren, sich unsichtbar machen. Aber man möchte dennoch gehört werden, andere ansprechen, zum Nachdenken bringen. Reinshagen ist nicht der Typ Mensch, der sich gänzlich zurückzieht. Sie würde es gern können, aber sie liebt die Großstadt, das pulsierende Leben in den Straßen, Besuche von Freunden, Theater- und Kinoabende. Und sie spricht gern mit Leuten über ihre Arbeit. Denn die ist nach wie vor das Zentrum für Reinshagen, alles hat sich dem Schreiben unterzuordnen. Diese vielen Kleinigkeiten, die täglich zu bewältigen sind, einkaufen, kochen, aufräumen,

Post beantworten, sie verbrauchen viel zu viel Zeit. Und so setzt Reinshagen sich, wenn sie sich stark genug fühlt, vor Tagesanbruch hin, liest, schreibt, überlegt, wägt ab, fantasiert. Und ärgert sich, wenn sie gegen 10 Uhr einschläft oder wenn sie nachmittags spürt, wie der Blutdruck steigt, sie einfach keine Kraft mehr hat, haushalten muss mit den körperlichen Ressourcen. Was sie aufrecht erhält, was ihr jeden Tag neu auf die Beine hilft: dass sie erleben möchte, wie das neue Stück auf die Bühne kommt. Sie will die Szenen, die sie im Kopf hat, die sie aufs Papier bringt, auf dem Theater visualisiert erfahren. Sie nimmt also bereits im Vorfeld Kontakt auf zu Dramaturgen und zu Regisseuren. Sie freut sich, dass der 1960 geborene Schriftsteller, Regisseur und Darsteller Werner Fritsch sich mit ihr beschäftigt, ihr in seinem neuen Filmprojekt einen Platz einräumen will, sich begeistert zeigt von ihrem 1989 veröffentlichten Roman *Zwölf Nächte*. Und der alte Claus Peymann würde gern noch einmal ein Reinshagen-Stück auf die Bühne des »Berliner Ensembles« bringen, bevor seine Intendanz endet. Reinshagen schätzt Peymann wegen seiner »Verrücktheit«, wie sie selbst sagt. Das sei noch einer der wenigen, die sich erlaubten, »verrückt« zu sein, unangepasst an den Theaterbetrieb. Einer, der ihr als Regisseur auch gefallen würde, ist Andreas Dresen, dessen Filme sie sehr mag. Aber der mache eben Filme, kein Theater. Einen festen Abgabetermin hat sie nicht für ihr Manuskript. Ihr Lektor bei Suhrkamp unterstütze sie voll und ganz, was sie sehr froh mache.

Früher, ab der Mitte der 60er Jahre des vorigen Jahrhunderts, hat Claus Peymann fast alle Stücke von

Gerlind Reinshagen realisiert. 1968 gelangte das allererste Nachkriegsstück einer Dramatikerin zur Aufführung: *Doppelkopf* von Gerlind Reinshagen. Im Bewusstsein einer breiteren Theateröffentlichkeit ist das jedoch nicht mehr präsent. In den letzten fünfzehn Jahren hat die Schriftstellerin fast ausschließlich Prosa veröffentlicht. Aber nun, mit fast neunzig Jahren, soll es noch einmal ein Stück werden. Den Stoff dafür liefert ihr letzter Roman, *Nachts*, der 2011 im Suhrkamp Verlag erschienen ist. Wie alle Prosawerke Reinshagens ist auch dieses ein Roman der Stimmen. In diesem Fall stehen zwei Personen im Zentrum. »Eine Frau, nachts in ihrer Küche allein, möchte sprechen, verwählt sich, entschuldigt sich wortreich.«[1] Es handelt sich um eine junge Frau. Am anderen Ende der Leitung meldet sich ein älterer Mann. Und nun beginnt ein Gespräch, das eigentlich gar nicht Gespräch genannt werden kann, nimmt viele Nächte lang seinen Lauf, denn der eine spricht, die andere hört zu. Man kann sein Leben nicht erzählen, aber man kann es erfinden, indem man Episoden daraus erzählt. Das tut der ältere Arzt. Und seine »Fernfrau«, wie er sie nennt, hört geduldig zu.

Es sind vor allem die Beziehungen der Menschen, und hier vor allem die zwischen Alten und Jungen, die Gerlind Reinshagen interessieren. Da sei gerade heute vieles im Fluss, alte Familienstrukturen trügen nicht mehr und neue Möglichkeiten würden gesucht. Reinshagen hört nicht auf, den Puls der Zeit zu fühlen, sie reagiert wach auf Veränderungen, und es ist ihr ein Anliegen, die neue Zeit sprachlich zu gestalten. Sie tut dies aber nicht in der Annahme, man könne die Gegenwart herausheben aus dem Fluss der Zeit. Reinshagen ist eine in hohem Maße geschichtsbewusste Schriftstellerin, eine, die Krieg und Nachkrieg hautnah und dabei hellwach erlebt hat und überzeugt ist, dass, was geschah, nicht vergessen werden sollte. Reinshagens Werk hat sich die Vergangenheit in immer wieder neuer Weise, mit viel Fantasie und Lust am Experiment anverwandelt. Vor allem die vielen jungen Männer, die in den Krieg ziehen mussten und doch fast noch Kinder waren, beschäftigen die Schriftstellerin bis heute.

Eine für sie zentrale Frage lautet, ob Menschen einander ihr Leben erzählen können und wenn ja, in welchen Formen sie dies tun. Schaut man aus dem Fenster eines Cafés mitten ins Getriebe der Menschen, wird einem klar, dass sich dort eigentlich lauter mögliche Geschichten tummeln.

In Reinshagens späteren Romanen ist ein neues Thema hinzugekommen: Was ist überhaupt das Alter? Vor allem in *Nachts* zieht sich die Tatsache des Alterns wie ein roter Faden durch das Geschehen. Sie wäre nicht Gerlind Reinshagen, würde sie nicht auch dieser Frage auf ihre unverwechselbare abenteuerliche Weise nachgehen. Verschiedene Spielarten werden durchexperimentiert. Ist das Alter vielleicht ein Laster? Was hat es auf sich mit dieser »ganz gewöhnlichen Faulheit zum Tode«, einem »gemütlichen Lebensschlendrian«? Ist eigentlich jeder Alte, jede Alte, gezwungen, im Heer der von Reinshagen so genannten »Altersgemütlichen« mitzumarschieren? Man müsste fast davon ausgehen, wäre da nicht eine Wut, regte sich nicht ein Widerstand gegen dies Lahme, Satte. Stattdessen meldet sich ein unbändiger Wunsch, gerade jetzt nach all den Jahren, Jahrzehnten noch einmal loszulegen, das Leben herauszufordern, einen weiteren Entwurf zu wagen. Auch wenn die körperlichen Veränderungen nicht zu übersehen sind, ein leichtes Schwanken spürbar wird und dass man nicht mehr gerade auf dem Strich gehen kann, der das eigentliche Trottoir gegen die Straße abgrenzt. Trotzdem kann man sich ja nicht völlig blind stellen. Die Straßen und Trottoirs, sie gehören eigentlich den Jungen, die im Wiegeschritt vorwärtsstreben, hüpfen, rennen. Im Alter bleibt vielleicht auch bloß dieses Beiseitegehen. Warum es also nicht aktiv übernehmen, in der Art einer existenzialistischen Grundhaltung. Es gehört zur Flexibilität der Alten, dass sie das »Sich-beiseite-Drücken« zu ihrer zweiten Natur werden lassen können. Auf jeden Fall gibt es etwas zu entdecken, wenn man abseits steht, »Nebenwege«, »abgelegene Nebenwelten«. Das Zurücktreten muss also nichts mit Passivität zu tun haben. Es ist im Gegenteil eine besondere Weise, Anteil zu nehmen, dabei zu sein, zu beobachten.

Gerade in solchen Äußerungen zum Alter steckt etwas von der geheimen Poetologie Gerlind Reinshagens. Erst wenn man einen Schritt zurücktreten kann, wird es möglich, auf das Ganze zu schauen. Im Kleinen beginnen, um im Großen zu landen. Sich dem Alltäglichsten aussetzen und es mitnehmen auf dem Gang über Nebenwege durch Nebenwelten. Dahin, wo alles ein wenig verrückt erscheint, und man selbst sich ebenso verrückt vorkommt. Je verrückter, je abseitiger, nebenwegereicher, nebenweltlicher ihre Literatur ist, desto dringlicher stellt die Schriftstellerin sich in ihrer Arbeit die Frage, was denn der Mensch sei, wie weit er reiche, bis wohin er sich erstrecke.

2007 veröffentlicht die 81-jährige Gerlind Reinshagen einen fiktiven Monolog der in Auschwitz ermordeten Schriftstellerin Gertrud Kolmar: *Die Frau und die Stadt*. »Kann nicht, wer krumm ist, sich dennoch aufrichten?« Fängt der Mensch nicht gerade dort an, wo scheinbar Unmögliches geschieht? Eine Frau, eine zum Tode verurteilte Dichterin, beschließt, sich diesen Tod selbst zu geben, von der Siegessäule zu springen, weil sie das Fliegen mag, und dann tut sie es doch nicht, warum? Weil es ja vielleicht noch etwas zu sagen gibt, weil Gertrud Kolmar noch nicht am Ende ist mit dem Sprechen, mit dem Schreiben. Und weil das Zwiegespräch mit der Stadt, in der sie lebt, noch nicht zu Ende ist. So wie auch Gerlind Reinshagens eigenes Gespräch mit dieser Stadt, in der sie seit 1956 mit kurzen Unterbrechungen lebt, noch lange nicht am Ende ist.

Irgendwann muss der Wunsch aufgetaucht sein, sich sein Leben zu erzählen. Beginnt in diesem Moment das Altern? Oder ist man dann vielleicht sogar schon alt? Verstärkt setzt sich Gerlind Reinshagen nun mit der unmittelbaren Nachkriegszeit auseinander. So erzählt sie 2006 in *Vom Feuer* ihren Lesern und sich selbst Episodisches aus dem Nachkriegsleben von Menschen, deren Jugend in die Kriegsjahre fiel. Aber weil Reinshagen nichts ferner liegt als eine naive Erzählhaltung, weiß sie ganz genau, dass Leben sich nicht einfach so erzählen lässt. Dennoch will sie einen Versuch machen, dieses Leben von Halbwüchsigen in der Lücke zwischen gestern und morgen zu beschreiben. Zumindest Namen sollen sie bekommen und mit den Namen tauchen sie aus der gesichtslosen Masse hervor, beginnen zu sprechen: Aneta, Wiepold, Fox, Prinz Pauly, Josepha. Trotzdem herrscht Skepsis vor: »Lachhaft, also wirklich, jetzt nach Jahrzehnten dem abgedrehten Leben hinterherzuschreiben ...«[3]

Ein Leben beschreiben wollen, das Leben beschreiben wollen, heißt auch, zum Anfang zurückgehen, die Frage zu stellen, wann überhaupt für den Einzelnen das Leben beginnt, ein glückliches Bewusstsein des Lebendigseins erwacht, um dann vielleicht sehr bald schon zum ersten Mal fast wieder sterben zu müssen. Wenn zum Beispiel in die Jugendzeit ein Krieg fällt, findet eine Art Vergreisung statt, noch bevor das eigentliche Erwachsenenalter erreicht ist. Die Jugendlichen, denen der Krieg die Jugend nahm, liegen Reinshagen bis heute sehr am Herzen. Mit ihnen ist sie noch lange nicht fertig, mit ihnen kann man überhaupt nie fertig werden. Sie selbst, 1926 in Königsberg geboren, hat ihre Jugendzeit in Halberstadt verbracht. 1944 hat sie dort ihr Abitur gemacht und danach eine Apothekerlehre absolviert. Halberstadt war im Krieg Ziel vieler Bombenangriffe der Alliierten, weil sich dort ein Zweigwerk der Dessauer Flugzeugwerke befand, das der Aufrüstung der Wehrmacht diente. Außerdem gab es ein KZ-Außenlager.

Nicht umsonst wurde Gerlind Reinshagen in der Wochenzeitung »Die Zeit« eine »Stimme ihrer Zeit« genannt. Sie konnte eine solche Stimme sein und ist es noch immer, weil sie genau zuhört, was diejenigen zu sagen haben, denen Schreckliches geschah in ihrer Jugend.

Es gab damals in Halberstadt kein Träumen in die Zukunft hinein oder höchstens dann, wenn ein wenig Danebentreten möglich war. Gerlind Reinshagen ist immer wieder, auch in der Zeit nach dem Krieg, danebengetreten. Nur so war und ist es ihr möglich, derart genau, aus der Mitte der geschichtlichen Ereignisse heraus und doch mit Distanz ihre Stücke, Hörspiele und Prosa zu schreiben. »… kaum aus den Kinderschuhn, hat sich ihr schon die Welt verdunkelt, tippt Areta in die Maschine …«[4] Areta, die Hauptfigur ihres Romans *Vom Feuer*, ist blind, allerdings nicht von Geburt an. Gerlind Reinshagen betont, eine Blinde tauche in ihrem Werk immer wieder auf und sie wolle einmal noch die Blinde zu einer Hauptfigur eines ihrer Werke machen. Die Blinde Areta habe keine Geschichte, sagen die anderen, sie lebe stattdessen mit den Geschichten um sie herum. Aber dann bekommt sie im Roman eben doch ihre eigene Geschichte. Indem Gerlind Reinshagen von jungen Leuten erzählt, erzählt sie eigentlich von alten, von durch den Krieg vorzeitig gealterten. Diese alten jungen Menschen wurden mit den Jahren jünger, ohne jemals wirklich jung zu werden. Wir Leser lernen eine Generation ohne Jugend kennen.

Von *Vom Feuer* sehr begeistert ist Peter Handke. Über sein Hingerissensein schreibt er an Reinshagen in einem persönlichen Brief. Er spricht darin von einer »Innenbewegung der Sätze«. Kein Kritiker behandelt diesen Roman als Teil von Reinshagens Alterswerk. Im Gegenteil, in den Feuilletons überwiegt der Eindruck, es handle sich um das Buch einer jungen Autorin. In einem Interview mit Helga Kraft, das nach Erscheinen von *Vom Feuer* geführt wurde, sagt Gerlind Reinshagen: »Interessant beim Schreiben ist für mich herauszufinden, ob und wann eine Figur die Kraft hat, über die gängigen Muster hinaus zu gehen und ihre eigene Persönlichkeit auszubilden.[5] Dieser Wunsch nach einer eigenen Persönlichkeit geht einher mit der Frage, wie es überhaupt steht mit dem heutigen Beziehungsgefüge. Sie nennt es einen »Dschungel«, in dem sie sich allein durch das Schreiben zurechtfinden könne. Deshalb ist es ihr auch so wichtig, Kontakte zu halten und neue Kontakte zu knüpfen. Die Stadt Berlin, hilft dabei. Auch wenn man alt ist, kann man weiterhin Anteil nehmen am Gespräch über brennende Zeitfragen. Reinshagen ist auch stark interessiert an dem, was ihre Enkel, Nichten und Neffen tun, wie sie leben.

Die Vielen und der Einzelne: Gerlind Reinshagens Grundthema hat sich auch im Alter erhalten. In den Stücken, mit denen sie auf Deutschlands Bühnen der Nachkriegszeit erfolgreich gespielt wurde, war meist ein Chor vertreten. Dieser moderne Chor repräsentiert nicht mehr eine althergebrachte Ordnung, sondern eher das Chaos. Es wird nicht mit einer Stimme gesprochen, sondern vielmehr gegeneinander, nebeneinander, wie dies auch oft in den Stücken von Dea Loher der Fall ist.

Dass man sich arrangiert, gehört zum Leben. Aber es ist nicht das wirklich Wichtige. In Reinshagens Stück *Die grüne Tür* von 1999 spricht eine junge Frau es aus:»Und es soll auch nichts in Ordnung sein! Nichts in eurer verfuckten Welt! Denn ich sag euch: Eine wird da sein, die sich nicht abfindet, die nicht vorliebnimmt, die gegen den Stachel löckt.«[6] Immer wieder bilden sich neue Regeln heraus, Gruppenregeln, gegen die Einzelne angehen müssen.

Immer wieder beginnt eine neue Geschichte, spricht eine neue Stimme. Die Person dahinter sieht mit eigenen Augen und lässt sich durch nichts in ihrem Erkenntnishunger, ihrer Suche nach der Wahrheit, beirren.

Wie Gerlind Reinshagen erzählt, spielt das Chorische auch in dem Stück, an dem sie gerade arbeitet und das *Nachts* zur Vorlage hat, eine Rolle. Die Stimmen der Vielen bevölkern die Straßen. Dass jeder Mensch sich bemüht, die eigene Sprache rhythmisch zu gliedern, ist eine frühe Erfahrung der Schriftstellerin gewesen. Der jeweils eigenen Stimme ihrer Figuren ist sie auf der Spur. Und so hat sie in der Nachkriegszeit zunächst Stücke geschrieben, in denen Menschen versuchten, ihre Stimme wiederzufinden. In dieser ersten, noch fremden Friedensphase nach dem Krieg erscheint das Theater Reinshagen als der geeignete Ort, um darzustellen, was es heißt, die Stimme und damit die Individualität verloren zu haben. Es ist nicht mehr die unmittelbare Bedrohung durch Bomben, die den Menschen den Schlaf raubt, es sind andere Dinge, die Entsetzen verursachen. »Was also ist es, was *uns* den Schlaf raubt, *uns* wachhält in den Nächten? Was läßt Menschen unserer Zeit stolpern, fallen, abstürzen, wovor möchten sie fliehen?«[7] Letztlich sind es die Konflikte des Einzelnen mit der Gesellschaft, die Reinshagen gestaltungswürdig erscheinen.

Man kann alt sein, wenn man eigentlich jung ist. Im Alter aber kann man nur noch so tun, als sei man jung. Gerlind Reinshagen will nicht mit Gewalt jünger scheinen, als sie ist. Sie gibt zu, dass sie manches einfach nicht mehr will. Sie will sich nicht mehr vorstellen müssen in den großen Buchhandlungen Berlins, damit man sie kennenlernt, ihre Bücher verkauft. Sie möchte über die Kunst sprechen, über das Leben, das gestrige und das heutige. Sie wünscht sich Zeit und Kraft, dieses neue Stück zu beenden. Sorgen bereitet ihr, dass die Verlage sich nicht mehr sehr um ihre Backlist kümmern. Sie hat Angst, dass nach ihrem Tod ihre Bücher verschwinden werden, ihr Lebenswerk keine Beachtung mehr findet.

Wenn ich mit ihr über Schriftstellerinnen und das Alter spreche, wird sie ein wenig unwillig, fragt, warum um alles in der Welt ich mich mit diesen Alten beschäftige und warum ich nicht lieber etwas Gemischtes, Alt und Jung, aufeinandertreffen lasse. Reinshagen ist immer auf der Suche nach jungen Stückeschreiberinnen. Marianna Salzmann, Jahrgang 1985, zum Beispiel schätzt sie sehr. Die wolle einfach Geschichten erzählen und genau das sei ja auch ihr eigenes Anliegen. Auch Theresia Walsers frühes Stück *So wild ist es in unseren Wäldern schon lange nicht mehr* mag sie. Auch da finden sich Abenteurer, Streuner. Ihr Geraune, ihr Gemurmel, die Rhythmen der einzelnen Stimmen, alles zusammen fasziniert die Schriftstellerin. Reinshagen denkt unaufhörlich nach über das Theater heute, ob Sprache überhaupt noch als wichtig angesehen wird. Pollesch findet sie interessant. Aber auch die Tatsache, dass jetzt immer mehr Frauen

Stücke schreiben. Marcel Reich-Ranicki habe betont, Frauen könnten nicht für das Theater schreiben. Das habe Peymann eben immer schon anders gesehen. Reinshagen wünscht sich mehr von diesen Leuten, die sich nicht scheren um Trends und Moden. Überhaupt ist sie dafür, dass man als Künstler Verrücktes machen muss und sich nie anpassen sollte.

Warum überhaupt macht man, was man macht? Das Nachdenken über Einflüsse von außen, über Gene, über die Mischung beider Elemente ist ein zentrales Thema Gerlind Reinshagens neben dem des Schreibens selbst. Wenn es abends darum geht, ob sie das Haus noch einmal verlässt, um sich ein Stück oder einen Film anzusehen, entscheidet sie sich immer häufiger für das Daheimbleiben. Vielleicht fällt einem ja noch etwas ein, das dem neuen Stück dient. Manchmal kommt auch nachts ein Einfall. Aber gleichzeitig hat sie eine immense Gesprächsbereitschaft, den Wunsch, sich mitzuteilen, zu sprechen über neue Ideen. »Helft mir«: ein Satz, der häufig fällt in der Unterhaltung mit der Schriftstellerin. Ein direkter Aufruf ans Gegenüber, mitzudenken, Einfälle zu teilen. Sie erzählt, wie ihr ein Enkel geholfen habe, der Bühnenbildner sei und voll und ganz in der heutigen temporeichen Zeit lebend. Aber dann, als es um die Darstellung der Liebe im Stück ging, da habe er gesagt, das müsse ja doch etwas mit »Unendlichkeit« zu tun haben. Welch wunderbare Überraschung für sie, dass die neue Generation dieses Wort noch kennt und es in Zusammenhang mit Liebe bringt.

Gerlind Reinshagen weiß um ihr Alter. Sie versucht nicht, es zu leugnen, so zu tun, als könne sie alles machen wie früher. Sie betont, dass man irgendwann ziemlich schnell abbaue, merke, wie das Alter unwiderruflich die Herrschaft übernimmt. Die Arbeit aber bleibt der Mittelpunkt des Lebens, auch jetzt. Reinshagens Kreativität bleibt gebunden an die Auseinandersetzung mit der Zeit, der Gegenwart. Wachsein für das, was passiert, in der Gesellschaft, in der Politik, im Zusammenleben der Menschen. Nicht abschalten, nicht versinken in vergangenen Zeiten. Dranbleiben, spüren, wie die Uhren heute ticken. Darüber schreiben.

Der Lektor lobt ihr neues Stück, ja, er finde es sehr schön. Trotzdem: Diese erste Szene, sie scheint der Autorin noch unfertig. Und dann das Ringen um den Titel. Schließlich sei er das erste, was den Leuten ins Auge springe. *Terre moto*: Dieses Wort gefällt Reinshagen in Bezug auf ihr Stück besonders. Aber ob es nicht Quatsch sei, einen italienischen Titel zu wählen. Vielleicht verstehen die Leute es gar nicht. Und wird es überhaupt ein Theater geben, das das Stück spielen wird?

Gerlind Reinshagen lässt sich noch immer inspirieren von anderen Autoren, beziehungsweise vor allem von Büchern. Als Vorbilder nennt sie Italo Svevo, Carson McCullers, Dylan Thomas. *Die Ballade vom traurigen Café* gilt ist für sie eine der besten Geschichten der Welt. Und Sherwood Andersons *Winesburg, Ohio*. Sie liest aber auch Literaturtheoretiker und Philosophen wie Terry Eagleton und Sloterdijk.

Spannend ist auch, wie sich Gerlind Reinshagen mit der Rolle der Theaterautorin in der heutigen Theaterlandschaft auseinandersetzt. Bei einer Veranstaltung im Literaturforum in Berlin 1999 sagte Gerlind Reinshagen zum »weiblichen Blick« in der Dramatik: »Es gibt ihn nicht. Nein, auch das ist nicht richtig. Was ich sagen möchte, ist: wie immer er beschaffen sein mag, es soll ihn nicht geben. So wie es den männlichen Blick in einem Kunstwerk nicht geben sollte ... Ich, hier und heute, werfe keinen männlichen, keinen weiblichen, sondern nun meinerseits einen ziemlich desorientierten Blick auf unsere Zeit, in der die Unruhe, die Widersprüche noch immer gesteigert erscheinen, und suche nach Bildern, Geschichten, sie zu beschreiben.« Sie beobachte Freunde, Nachbarn, Verwandte und bemerke, sie alle seien verwirrt vom »elektronischen Bilderhagel«, verlören zusehends an Kontur. Und dennoch haben all diese Menschen Wünsche, sie entwerfen sich eine Zukunft. Es gehe nicht darum, eine neue Heldin zu kreieren, einen ungebrauchten Menschen. Aber es könnte darum gehen, Randbezirke darzustellen, in denen die »geheimen Konstruktionen« im Inneren sichtbar werden, womöglich als Ruine, als Torso. Und dieser besondere Blick auf die Menschen der heutigen Zeit habe sich zu verbinden mit einer besonderen Sprache, sei dies nun in einem Theaterstück, einem Roman, einem Gedicht. Immer sei es letztlich die Sprache, die trifft, verwirrt, klärt.

Monolog und Dialog: Gerlind Reinshagen ringt im Alter darum, beide Elemente in einen erzählerischen beziehungsweise dramatischen Zusammenhang zu bringen. Der alte Mann und die junge Frau in *Nachts* sprechen jeder für sich und sehnen sich nach dem Gespräch, das ihnen die Einsamkeit nimmt. Der Wunsch nach der gemeinsamen Geschichte erscheint schwerer denn je erfüllbar. Überall die vielen Stimmen. Überall das Chaos. Und doch kann es sein, vielleicht, dass man sich eines Nachts verwählt und es noch einmal versucht mit dem Dialog.

Kerstin Ekman (geb. 1933):

Sehen, das ist das Wichtigste

Kerstin Ekman erzählt die Landschaft, in der sie lebt. Vor allem ist dies Jämtland, das zwanzig Jahre lang ihr Zuhause war. Ganz im Norden Schwedens, fast an der Grenze zu Norwegen, bewohnte sie mit ihrem Mann ein Haus außerhalb eines Dorfes mit 85 Einwohnern. Ihnen hat sie zugehört, ihre Geschichten haben sich eingebrannt in ihr Gedächtnis. Geboren 1933 in Risinge, einem Dorf in Mittelschweden, studierte Ekman in Uppsala Deutsch, Literaturgeschichte und Nordische Sprachen. Danach arbeitete sie als Lehrerin in der Erwachsenenbildung. 1959 schrieb sie ihren ersten Roman, einen Krimi. Den literarischen Durchbruch erlebte sie 1974 mit dem ersten Band der Vallmsta-Tetralogie: *Hexenringe*. Es folgten *Die Springquelle* (1976), *Das Engelhaus* (1979) und *Stadt aus Licht* (1983). Sie erzählt darin die Entwicklung der schwedischen Gesellschaft von der Mitte des 19. Jahrhunderts bis in die 70er Jahre des 20. Jahrhunderts anhand von Frauenschicksalen. Kerstin Ekman definiert ihr Schreiben unter anderem als eine Art Verwaltung von Erinnertem, einer fantasievollen, weit ins Fiktive hineingreifenden Verwaltung. Was sie vor allem interessiert, ist die Rolle von Frauen in verschiedenen Lebenszusammenhängen.

Im Jämtland, der Heimat der Samen, kann man die uralte Abhängigkeit des Menschen von der Natur noch spüren, auch wenn die moderne Zeit hier längst angebrochen ist und ihre Rechte fordert. Es sei eine überschaubare Welt und das brauche eine Schriftstellerin wie sie. Solange Kerstin Ekman hier lebte, schaute sie sich jeden Abend von einer bestimmten Stelle auf einem Hügel aus diese Welt an und konnte sich umschlossen fühlen von ihr. Wie alle Akademiker sei sie nämlich eigentlich wurzellos. Ekman plädiert mit Vehemenz dafür, dass ein Land auch Raum für Minoritäten haben müsse. So zum Beispiel das Volk der Samen: Sie könnten einem noch zeigen, wie faszinierend es ist, wenn Mensch und Natur in gegenseitiger Abhängigkeit und Achtung leben.

Vor ein paar Jahren ist Kerstin Ekman mit ihrem Mann weggezogen aus der rauen Gegend Jämtlands in den Süden Schwedens. Nur eine Blockhütte haben sie als Rückzugsort behalten. Es sei ihr zu kalt im Winter, jetzt, wo sie alt sei. Sie ertrage das Klima vor allem in den langen Wintern nicht mehr so gut. Sie hat viele alte Menschen gesehen, die ihr ganzes Leben in dieser Einöde zugebracht haben. Wie »verwachsene, knorrige Bäume« hätten sie schließlich ausgesehen. In einem Film des Bayerischen Rundfunks aus dem Jahr 2014 spricht Ekman über ihr Leben im Jämtland.

Kerstin Ekman erzählt den Wald, Pflanzen, Steine, Gewässer und siedelt darin ihre Figuren an. Es ist eine geheimnisvolle Welt, die geheimnisvolle Menschen beherbergt. Hillewi zum Beispiel, die Hebamme aus Ekmans Roman *Am schwarzen Wasser* von 1999, ist eine dieser rätselhaften Figuren. »Sie entdeckte, dass man sich selbst kennenlernt, wenn man ein Geheimnis hat.«[1] Dabei ist Hillewi eine Frau, die an die Vernunft glaubt, an Rationalität und klares Denken. Als sie 1916 in Jämtland ankommt, lernt sie eine ganz neue Welt kennen, in der alte Mythen lebendig sind, der Aberglaube nicht ausgerottet ist und die Menschen weiterhin an Geister glauben. Als Hillewi zum ersten Mal ein Nordlicht erblickt, ist sie tief bewegt und ganz und gar nicht erstaunt, als ihr zukünftiger Mann, ein Einheimischer, ihr erklärt, es handle sich hierbei um ein »Zeichen«. Hillewi gewinnt ein Bewusstsein davon, dass sie in »eine Welt von Bedeutungen« heiratet. Eine geheimnisvoll undurchdringliche Welt ist es, in der man nie Sicherheit darüber gewinnt, was kommen wird. Ekman erzählt in diesem Roman aber nicht nur die Geschichte Hillewis, sondern berichtet auch von anderen Menschen. Besonders spannend ist das Leben von Elis, einem Bauernjungen aus ärmlichsten Verhältnissen, der flieht, nachdem sein Vater ihn wieder einmal fast totgeprügelt hat. Elis schlägt sich jämmerlich durch, erkrankt an Tuberkulose und wird in verschiedenen Sanatorien behandelt, ohne dass er seine wahre Identität preisgibt. Schließlich entdeckt er seine Begabung für die Malerei, wird Künstler und reist nach Berlin, wo er sich niederlässt. »In Berlin gab es nichts, was er, erst einmal dort angekommen, hätte erkennen können. Die Menschenmassen verrückten sein Bild von der Welt. Ja, er hatte kaum gewusst, dass er vorher eines gehabt hatte. Er hatte geglaubt, die Welt sei eben die Welt. Mit Fjälls und Meeren an den Rändern. Aber hier: War der Himmel überhaupt Himmel und der Regen Regen?«[2] Elis wird zum Stadtmenschen, wenn auch nie ganz, denn immer wieder vergleicht er die Erfahrungen in der alten Heimat mit denen der neuen Heimat.

Der Roman *Am schwarzen Wasser* spielt im 20. Jahrhundert, zwischen den Kriegen. Die Schilderung des Einbruchs von Barbarei verlegt Ekman nach Berlin, wo Elis die Anfänge der Judenverfolgung und -vernichtung erlebt. Natur und Zivilisation, Vernunft und Irrationalität sind die Lebens- und Schreibthemen Kerstin Ekmans.

Im Jahr 2007 erscheint ein Buch von Kerstin Ekman, in dem sie zum ersten Mal andere, nämlich essayistische Wege geht. Kein Roman also, sondern ein kulturgeschichtlich fundiertes Monumentalwerk: *Der Wald*. Fünfzig Jahre habe sie über ein derartiges Buch nachgedacht, um jetzt, im Alter von 70 Jahren, endlich damit anzufangen. Herausgekommen ist die wechselvolle Geschichte einer innigen, unauflösbaren Verbindung, nämlich der zwischen den Menschen und dem Wald. Und es ist eine Geschichte des Verschwindens: *Der Wald* hat sich im Lauf der Kultivierungsanstrengungen durch den Menschen zurückgezogen, indem er seine ursprüngliche Gestalt mehr und mehr eingebüßt hat.

Für Kerstin Ekman sind Waldwanderungen auch eine wunderbare Möglichkeit, das Sehen zu schulen. »Wirklich zu sehen bedeutet wiederzukommen. Es bedeutet, eine Veränderung zu entdecken, ein lange verborgenes Geheimnis zu enthüllen oder eine plötzliche Bedrohung zu erkennen.«[3] Ekman verfällt nie in eine Art Idealisierung des Waldes. Sie hat minutiös recherchiert, betrachtet ihr Thema von vielen Seiten, verteufelt nie, auch nicht, wenn es um die Kritik an einer rücksichtslosen Ausbeutung des Waldes geht. Kerstin Ekman ist keine Naturfanatikerin. Der Sinn ihrer Forschung ist Aufklärung, die aber dem Wald nicht jedes Geheimnis entlocken möchte. Mensch und Natur haben beide ihre Geheimnisse. Ekmans Stil in *Der Wald* ist lebendig und dabei perfekt ausgefeilt. Die Schriftstellerin entpuppt sich als analytisch begabte Essayistin.

Seit ihren schriftstellerischen Anfängen erzählt Kerstin Ekman von rätselhaften, vielschichtigen Personen. Es wimmelt in ihren Büchern von Außenseitern und dieser Sorte Menschen wendet sie sich im Alter verstärkt zu. Den besonders eindrucksvollen Beweis einer genauen Darstellung eines Außenseiters liefert Ekman in dem 2009 erschienen Roman *Tagebuch eines Mörders*. Das Geschehen ereignet sich um die Jahrhundertwende vom 19. zum 20. Jahrhundert. Die Hauptfigur ist ein Aufsteiger und Mörder. Auf einer zweiten Ebene geht es aber auch um eine Auseinandersetzung mit dem Zusammenhang von Wirklichkeit und Fiktion.

Pontus Revinge, der aus ärmlichen Verhältnissen stammende Protagonist, hat es zum Arzt gebracht, und ermordet eines Tages seinen Arbeitgeber, den Besitzer einer ärztlichen Praxis namens Johannes Skade. Er heiratet die Witwe und übernimmt die Praxis. So war sein Plan und er gelingt. Ekman verwebt ihre Geschichte mit dem 1915 erschienenen Roman *Doktor Glas* von Hjalmar Söderberg. Ekman fantasiert eine Begegnung zwischen Söderberg und Revinge, die dazu führt, dass Revinge den Schriftsteller zu einem Roman über einen talentierten Mörder inspiriert, noch dazu über einen, dessen Tat keine Spuren hinterlässt. Das Zaubermittel heißt Zyankali. Der Unterschied zwischen den beiden Männern ist, dass der eine, Söderberg, eine Idee verfolgt, und der andere, Revinge, zur Tat schreiten will. Für den einen heißt Leben Schreiben, für den anderen heißt es Handeln. Aber auch Revinge ist Schreiber: Er verfasst ein ausführliches Tagebuch. In seinen Notizen beschäftigt er sich immer wieder mit der Frage, wieviel von der Wirklichkeit Schriftsteller erfassen können. »Wie weit kann ein Schriftsteller mit seiner tastenden Suche im Leben und in den Geheimnissen eines anderen Menschen gehen?«[4] In einer »Druckfrisch«-Sendung vom 27.2.2011 fragt Denis Scheck Kerstin Ekman am Rand eines Friedhofs, ob sie glaube, dass viele der Menschen, die dort lägen, ermordet worden seien. Ekman antwortet, ja, sie glaube, viele der Menschen seien ermordet worden, man wisse es nur nicht. Fast scheint es so, als seien allein die Schriftsteller in der Lage, all diesen verdeckten Mordgeschichten auf die Spur zu kommen.

Revinge ist der Meinung, er mache aus seinem Leben einen Roman, den perfekten Roman, in dem wirklich gehandelt wird und es nicht nur um Ideen und Fantasien geht. Dabei ist selbst dieser kalte Pragmatiker in einer Hinsicht Idealist: Er sucht die reine, ideale Liebe und glaubt sie in der Gestalt Friedas, der Tochter des von ihm ermordeten Skade, gefunden zu haben. Fast könnte man ihn sogar einen Romantiker nennen in seiner Hinwendung zum Nächtlichen als dem Raum des Kreativen. »Erst in der Verwandlung entsteht mein Leben, jenseits von Gut und Böse, jenseits von Glück und Unglück. Nachts verwandle ich es in Schrift und tags halte ich es unter Verschluss.«[5] Später notiert Revinge in seinem Tagebuch, Schreiben gleiche der Alchemie, Schmutz werde in Gold verwandelt. Sein literarisches Vorbild ist und bleibt Söderberg, den er über alles bewundert, weil nichts trivial oder schmutzig werde, wenn er es beschreibe.

In *Tagebuch eines Mörders* erzählt die 76-jährige Ekman die innere Landschaft eines Menschen, der zum Mörder wird. In ihrer Undurchdringlichkeit ist diese innere Landschaft wie ein Wald. Das eigentliche Thema ist aber nicht die psychologische Ausleuchtung einer furchtbaren Tat. Das Thema ist die Beziehung von Fiktion und Wirklichkeit, Dichtung und Wahrheit, Schreiben und Leben. Damit verknüpft wird die Frage nach der Schuld, danach, ob Literatur sich schuldig machen kann und ob Literatur damit einen moralischen Auftrag hat.

Immerhin ist Kerstin Ekman 1989 aus der Schwedischen Akademie ausgetreten, in die sie 1978 als eine von insgesamt achtzehn schwedischen Schriftstellerinnen und Schriftstellern auf Lebenszeit berufen worden war. Sie wollte ein Zeichen setzen, indem sie der Akademie vorwarf, sich im Fall Salman Rushdies allzu zögerlich verhalten und nicht eindeutig Flagge gezeigt zu haben. Die Akademie allerdings hält Ekmans »Stuhl Nr. 15« bis heute frei, denn ein einmal in diesen Kreis aufgenommenes Mitglied ist nicht befugt, einfach wieder auszutreten. In Ekmans Augen hat die Akademie es an Moral fehlen lassen, weil sie zu den Morddrohungen gegen Salman Rushdie geschwiegen hat. Für sie spielt Moral auch innerhalb des Literaturbetriebs durchaus eine Rolle. Aber der Betrieb ist nicht die Literatur selbst. Das unterscheidet Ekman. Menschen töten, es geschieht einfach, häufiger, als man annehmen mag. Literatur gibt ihnen eine Stimme, den Mördern, den Ermordeten. Aber es sind fiktive Geschichten. Literatur schreibt sich fort in weitere Werke der Literatur hinein: eine endlose Geschichte. Ohne Söderberg kein *Tagebuch eines Mörders*. Ekmans Roman ist in einem altertümlichen Stil verfasst, inhaltlich aber ist der Text modern, indem er reflektiert über sein Entstehen und sich bereichert durch bereits bestehende Texte. Ohne es direkt auszusprechen, denkt Ekman nach über die

Rolle des Autors. Ihr Protagonist Revinge ist der Meinung, ohne ihn hätte Söderberg seinen Roman *Doktor Glas* nicht schreiben können. Denn immer sind da Stichwortgeber, Helfer. Kein Schriftsteller schreibt aus dem Nichts heraus. Das Geheimnis des ersten Satzes hat zu tun mit den Sätzen, die ihm vorangehen, es sind gehörte, gelesene Sätze. Sie ragen aus der Vergangenheit in die Präsenz des neuen Textes. Man schreibt sich mitten hinein in eine Geschichte, die längst begonnen hat. Und da man nie weltlos lebt, schreibt man auch keine weltlosen Romane. Das weiß Kerstin Ekman und das weiß Pontus Revinge. Die Welt ist weiter als gedacht und auf jeden Fall ist es nicht nur die kleine Welt Jämtlands. Kerstin Ekman ist nicht nur eine Meisterin im Erzählen der Natur, sie ist ebenso eine Meisterin in der Schilderung gesellschaftlichen Lebens. Das hat sie bereits in der Vallmsta-Trilogie versucht, aber dort waren gesellschaftliche Prozesse vor allem aus ihrer Konfrontation mit der Natur erzählt worden. Vielleicht musste sie Jämtland verlassen, um einen Roman wie *Tagebuch eines Mörders* schreiben zu können. Ein anderer, neuer Ton ist in der dritten Lebensphase in Ekmans Schreiben gekommen. Beim Lesen früherer Bücher hatte man immer wieder und sehr stark den Eindruck, als spräche die Natur mit sich selbst und inmitten dieses Zwiegesprächs der Natur mit sich kämpften die Menschen sich durch ihr Leben. Die erste Stimme hatte stets die Natur. Sie ist lebendiger als alles andere: »In den Waldschlägen war das große Adernetz gekappt worden, und der Boden war zu wildem Fleisch im Körper der Landschaft vertrocknet.«[6] Menschen nehmen sich klein aus in der Landschaft. Sie ringen um Kontur. Nun aber ist es, als träten plötzlich Personen hervor, Personen, die das Dickicht im eigenen Inneren erleben und Wege suchen, die ein wenig in die Klarheit führen könnten.

Einen Höhepunkt dieses »neuen« Schreibens von Kerstin Ekman bildet der 2011 erschienene Roman *Schwindlerinnen*. »Sterbendes Laub ist wie Haar. Die Espe verliert es aus Kummer, erinnert sich nicht, dass es vorübergeht, ja verzweifelt gegen Moos und Erde. Daneben die Wacholderbüsche, sie müssen nicht durchhalten, sie gedeihen einfach. Ich kam früh ins Wacholderalter.«[7] Das schreibt Barbro Anderson, eine begabte Erzählerin, allerdings nicht allzu hübsch, nicht repräsentativ. Deshalb hält sie sich nicht für literaturbetriebstauglich und versteckt sich wie eine Ghostwriterin hinter der schönen, wenn auch längst nicht so wort- und satzgewandten Lillemor Troj. Ein Komplott, ein Betrug, ein Abenteuer: Die eine schreibt, die andere tritt in der Öffentlichkeit auf. Bis die Schreiberin eines Tages, als beide schon alt sind, den Betrug als solchen zu einer Geschichte ausarbeitet und sie einem Verlag unter ihrem eigenen Namen anbietet. Die Frage der Autorschaft erhebt sich mit Macht vor den Augen der Leser.

Auch das Lesen ist ein Thema des Romans: Schriftsteller als Leser. Lillemor und Barbro lesen Gedichte des großen schwedischen Lyrikers Gunnar Ekelöf. Lesen und Schreiben bedingen einander gegenseitig auf nicht ausdeutbare Weise. Ekmans Zugang zum Thema ist originell und zeugt von einem Humor, den man bei ihr bislang vermisst hat – als habe sie im Alter eine neue Seite an sich entdeckt. Sie scheut sich nicht, ihre

Barbro verkünden zu lassen, das Lesen sei eine Art Verschlingen. »Den Vergleich zwischen Lesen und Süßigkeitenverdrücken kann ich nicht weiter treiben als bis zur Unersättlichkeit. Von dem, was man liest, kann man sich schließlich nicht befreien.«[8] Es bleibt, nistet sich ein im Gedächtnis, wirkt.

Was Barbro schreibt, kann »flotte Prosa« genannt werden. Fast jeder Verlag hat heutzutage einen Autor oder, wie es viel häufiger der Fall ist, eine Autorin, die garantiert Bestseller schreibt. Hier wird ein weiterer Aspekt des Romans sichtbar: die massive Kritik am Literaturbetrieb. Der nämlich verlangt, dass hübsch aussehende Frauen flotte Prosa schreiben. Es ist faszinierend zu beobachten, wie gut sich eine Frau, die fast ihr ganzes Leben in der Natur zugebracht hat, sich auskennt im Literaturbetrieb. Es ist, als habe gerade die Abgeschiedenheit Ekmans Sinne geschärft, ihr Urteilsvermögen verfeinert, ihre Fähigkeit zu rationaler Analyse erweitert. Kerstin Ekman ist kritischer denn je und bezieht sich selbst und ihre Tätigkeit in diese Kritik mit ein, ohne zu beschönigen.

Was überhaupt heißt Erzählen? Und mit welcher Art von Lesern hat man zu rechnen? »Wo gibt es ein Erzählen, das kein Handel ist? Wo gibt es einen Empfänger, der mich und das Meine aufnimmt, ohne es zu verdrehen?«[9] Barbro und Lillemor sind literarisch eine Einheit, aber persönlich sind sie es nicht. Lillemor beharrt strikt auf ihrer Intimität, ihren Geheimnissen. Barbro gibt zu, ohne Lillemor nicht schreiben zu können.

Unübersehbar eingebettet in den Roman sind autobiografische Aspekte. Beispielsweise, als Lillemor
eines Tages verkündet, der Sekretär der Schwedischen
Akademie habe angerufen, um ihr mitzuteilen, sie sei
in die Akademie gewählt worden. Als ehrenvolles Mitglied dieser ehrenvollen Einrichtung gehe man gewis-
sermaßen in die Ewigkeit ein. »In dieser Morgendäm-
merung dachte Lillemor bei Unsterblichkeit nicht an
Marmorbüsten und ehrenvolle Grabstätten in irgend-
einem Pantheon. Sie dachte vielmehr daran, ein hohes
Alter erreichen zu können. Steinalt, das Gesicht voller
Furchen, mit hängender Unterlippe, womöglich sab-
bernd und mit Gebiss, dünne, knotige Beine in großen
Schuhen und knochige Hände, auf denen sich unter
papierdünner Haut blaue Venen schlängelten.«[10] Und
noch immer wäre Lillemor Akademiemitglied. Man
würde ihre Geburtstage feiern, mit Geschenken und
Torten, unausdenkbar. Lillemor hat ein schlechtes Gewissen, weil sie seit so vielen Jahren ihre Leser betrügt
und nun auch noch die ehrwürdige Akademie betrü-
gen wird. Barbro beschwichtigt, indem sie erklärt, es
gebe ja doch keinen Schriftsteller, der nicht betrüge.
Schriftsteller beuten Schriftsteller aus, sie lügen, betrü-
gen, stehlen. Mutter, Vater, die Geliebte, sie alle sind
Opfer, werden ihrer Freiheit beraubt, betrogen und
bloßgestellt. Barbro führt Beispiele an von Schriftstellern, die sich neue Namen gaben. Frauen schrieben
unter Pseudonym und nisteten sich in ihren neuen
Namen mit Haut und Haar ein. »Manche nennen sich
nie anders, als sie von Geburt an oder durch Heirat
hießen, aber vermutlich bewegen sie sich innerhalb
dieses Namens, der zu reiner Phantasmagorie gewor-

den ist, an der sie ebenso energisch arbeiten wie an ihren Geschichten und Gedichten. Ich nenne mich Lillemor Troj.«[11] Und nun ist also Lillemor Troj, die Betrügerin, in der Akademie angekommen, die sie selbst als »geschlossene Welt« bezeichnet, eine Art Zufluchtsort.

All das liest Lillemor in dem Buch, das Barbro unter eigenem Namen geschrieben hat. Sie liest, wehrt sich gegen diese Zumutung und kann dennoch nicht aufhören. »Sie muss weiterlesen, denn sie hat jetzt das Gefühl, nur dort im Text vor dem Zerfall geschützt zu sein.«[12] Und dabei bleibt es. Denn Lillemor übernimmt schließlich die Autorschaft für den Enthüllungsroman, den Barbro geschrieben hat: Autofiktion, was sonst. Sie bleiben ein Team. Der Roman Kerstin Ekmans endet hoch ironisch. Das Spiel geht weiter.

Wer aber erzählt das eigentlich alles? Kerstin Ekman, Lillemor Troj, Barbro? Mit wem arbeitet Ekman zusammen? Wen betrügt sie? Wen bestiehlt sie? Wie sind die anderen Werke entstanden?

Authentisch sind die vielen Stimmen. Im Alter ist sich Kerstin Ekman dessen bewusst, wer und was alles an einem Buch mitschreibt und wieviel man als Schriftstellerin gewinnt durch andere, durch Lektüren, durch unbewusste und bewusste Übernahmen. Ganz selbstverständlich, ohne theoretisches Gerüst und mit sehr viel Humor schreibt Ekman über Autorschaft. Sie hat es nicht mehr nötig, sich als starke, selbstbewusste Autorin zu beweisen.

Ilse Aichinger (geb. 1921):

Es wäre vielleicht gut, kichernd zu altern, so wie man kichernd groß wird.

Das Stammcafé Ilse Aichingers war immer das Café Dehmel in der Wiener Herrengasse. Aber das ist mittlerweile derart touristisch, dass es nicht mehr vorstellbar ist, wie eine scheue Dichterin sich hier jemals wohlfühlen konnte. Menschenschlangen vor den Torten, alles hektisch, das Interieur auf Glanz poliert. Vielleicht ist es ganz gut, dass Ilse Aichinger das nicht mehr sehen muss. Noch immer aber wohnt sie nicht weit entfernt, im Hochhaus Herrengasse 6-8.

Ilse Aichinger ist mittlerweile 92 Jahre alt. Ein Alter, das sie eigentlich niemals erreichen wollte. Und nach dem Tod ihres Mannes, des Dichters Günther Eich, im Jahr 1972, war ihr Wunsch, nicht mehr existieren zu müssen, größer denn je. Seither sind über vierzig Jahre vergangen. Ilse Aichingers Sehnsucht nach dem Verschwinden ist nicht geringer geworden, ja man kann sogar sagen, es hat im Lauf der Zeit bei ihr eine regelrechte Arbeit am Verschwinden, eine literarische Evokation des Verschwindens eingesetzt, wodurch paradoxerweise die Dichterin Ilse Aichinger auf eine nie geahnte Weise zu einer öffentlichen Präsenz kam. Nie zuvor hatte sie so viele Interviews gegeben wie in den letzten zwanzig Jahren. Interviews, die von nichts anderem Rechenschaft geben als von den Möglichkeiten des Verschwindens. Sie spricht über das Leben als Zumutung und darüber, dass man eigentlich gefragt werden müsste vorher, ob man das überhaupt will: existieren. Die eigene Existenz empfindet Aichinger als unnötig. Das Einzige, was man tun kann, was sie als ihre Aufgabe ansieht, ist, für das Verschwinden genaue Worte und Sätze zu finden beziehungsweise den Sätzen zu erlauben, sie, die Dichterin, zu finden. Gelingt es, empfindet sie Freude, vielleicht sogar Glück: »Um des Verschwindens willen würde ich gerne bleiben.«[1]

Etwa fünfzehn Jahre lang schreibt Ilse Aichinger fast nichts. Der Tod ihres Mannes bewirkt diese lange Schreibblockade. Günther Eich und Ilse Aichinger haben 1953 geheiratet. Zusammen wohnen sie in Großgmain bei Salzburg. 1984 zieht Aichinger nach Frankfurt am Main und seit 1989 lebt sie wieder in Wien, wo sie auch geboren wurde. Ihr »Lebensmensch«, der 1961 geborene Literaturwissenschaftler und Journalist Richard Reichensberger – sie nennt ihn »Ricc« –, erreicht es, dass sie Ende der achtziger Jahre wieder mit der Arbeit beginnt. 1991 bringt Reichensberger Aichingers *Gesammelte Werke* heraus. Im Jahr 2001 schreibt die 80-jährige Aichinger für den Wiener »Standard« wöchentliche Kolumnen unter dem Titel *Journal des Verschwindens*. Entstanden sind die 43 Texte zwischen 1997 und 2001. Es handelt sich um eine ungewöhnliche, ganz neuartige Form von Autobiografie, um »Blitzlichter auf ein Leben«, meist ausgehend und inspiriert von Filmen, denn seit dieser Zeit geht Aichinger jeden Tag ins Kino und schaut sich oft sogar mehrere Filme hintereinander an. Noch bei Tageslicht versinkt sie im Dunklen des Kinoraums und verlässt diesen, wenn es draußen bereits dunkel ist. Manchmal geht Aichinger in den Kolumnen aber auch aus von Fotos Bill Brandts oder von Tagesaktualitäten, »sobald sie absurd genug sind.«[2]

In ihrem *Journal des Verschwindens* setzt sie sich vor allem mit der Zeit zwischen 1930 und 1945 auseinander, also der Phase, in der Menschen verschwanden, aus Wien und aus anderen Orten, unter anderem Ilse Aichingers jüdische Großmutter. Nachdem der Vater aus Karrieregründen seine jüdische Frau und die Zwillinge Ilse und Helga verlassen hatte, war Ilse Aichinger vor allem bei ihrer jüdischen Großmutter untergekommen. Im Krieg wurde diese in ein Vernichtungslager deportiert und umgebracht. Im letzten Journal geht es um den Film *Der dritte Mann*. »Born to be murdered« (*The third man*) sollte nicht nur im Fall meiner eigenen Familie in »born to disappear« übersetzt werden. Keine Milderung, auch kein Ausweg: aber ein

Ausblick. Ich mache den Ermordeten ihr Verschwinden nur stümperhaft nach: ich gehe ins Kino.«[3]

Das Kino ist für Aichinger, in Anlehnung an Joseph Conrads berühmten Roman, das »Herz der Finsternis«. Aichinger schreibt über Laurel und Hardy, über Marianne Hoppe und Leni Riefenstahl, Eddie Constantine und Humphrey Bogart. Und eingestreut hat sie immer wieder wunderbare Sätze zum Sich-Erinnern, zu Suchen und Finden, zu Schlaf und Tod: »Aber erst wer das Finden aufgibt, ist dem Suchen gewachsen.«[4] Ilse Aichinger findet in der Erinnerung auch so manches, was sie nicht gesucht hat: Fetzen aus der Vergangenheit, von Erlebtem, von Filmen, Fotos, Bildern. Nicht die Chronologie macht die Erinnerung aus. Man sollte nicht versuchen, eine Ordnung herzustellen, sondern sich blind stellen, um zu sehen. Und auch hier hilft Ilse Aichinger ein Filmtitel: *Eyes Wide Shut*. Es handelt sich um den letzten, von Stanley Kubrick im Jahr 1999 hergestellten Film.

Ilse Aichinger, im Altern angekommen, bringt sich durch ihre Art, das Verschwinden zu inszenieren, noch einmal neu hervor. Sie ist sichtbarer denn je, werden Kolumnen doch schließlich von einer größeren Anzahl Menschen gelesen als Bücher. Auf höchst eigenwillige Weise erzählt sich Aichinger ihr Leben, indem sie Blitzlichter darauf wirft, Momente zum Leuchten bringt und es dann – wie im Kino – wieder dunkel werden lässt. In einem Interview mit dem Kulturredakteur des »Standard« Claus Philipp und dem bereits genannten Richard Reichensperger von 2001 antwortet Aichinger auf die verwunderte Feststellung ihrer Gesprächspartner, dass sie nach langem Schweigen auf einmal so viel schreibe: »Das ist ein spätes Glück. Obwohl – das Schreiben selbst ging immer sehr schnell, mit Ausnahme der Spiegelgeschichte, wofür ich zwei Jahre brauchte. Dazwischen immer Langeweile. Erst jetzt habe ich das Gefühl, dass das doch mein Beruf ist.«

Ilse Aichinger schreibt auch nach Abschluss des *Journals des Verschwindens* bis 2004 weiter für den »Standard«. Der Titel der neuen Sammlung: *Unglaubwürdige Reisen*. Diese Kolumnen entstehen im Café Dehmel. Jeden Morgen verlässt sie das Haus, um in dieses Café zu gehen, jeden Morgen der gleiche Weg. Im Café bleibt sie bis in den Nachmittag hinein, bis es Zeit wird fürs Kino.

»Wenn einer eine Reise tut, so kann er nichts erzählen. Das fiel mir schon ziemlich früh auf.«[6] Weil Menschen von ihren Reisen in ferne Länder so wenig Erzählenswertes mitbringen, zieht Ilse Aichinger eine andere, ungewöhnliche Art des Reisens vor: Sie geht immer und immer wieder dieselben Wege. Es geht dabei nicht um die Vielzahl neuer Entdeckungen, sondern um Entdeckungen im Immergleichen. Blitzlichter auch hier. Erinnerungen an England mitten im Wiener Bezirk. Oder Aichinger reist mit Astrid Lindgrens Pippi Langstrumpf nach Wien. Gewiss würde sie die frequentierteste und rascheste Straßenbahn Wiens, die Linie 71, überholen mit ihrem Pferd. Sie schreibt über die Sehnsucht des Schauspielers Otto Sander nach der Hochsee und vergleicht diese Sehnsucht mit ihrer eigenen Sucht nach dem Kino. Und dann macht sie eine »Reise in die Langeweile«: die Zeit nicht mit hektischer sinnloser Betriebsamkeit füllen, sondern die »Landschaft des eigenen Lebens auf sich zukommen lassen.«[7] Das kann sie sehr gut, die Ilse Aichinger: etwas auf sich zukommen lassen, es einfach finden, ohne danach gesucht zu haben, etwas willenlos, aber wach und nun im Alter wacher, aufmerksamer denn je. Aber man kann auch einfach nach »fort« reisen. Kein Ort, kein noch so interessantes Stadtzentrum, keine Insel kann sich messen mit dem »fort«.

Ilse Aichinger ist in diesen Kolumnen unterwegs zu fernen Ländern, geliebten und ungeliebten, fremden und vertrauten. Sie erinnert sich an er-lesene literarische Landschaften, Schriftstellerkollegen und -kolleginnen, an ihr erstes Café nahe bei Hofmannsthals Geburtshaus, in das sie nie hineinkam. Aichingers Bezug zu England ist sehr stark: England hat ihre Zwillingsschwester Helga gerettet. Am 4. Juli 1939 floh Helga mit einem der letzten Kindertransporte aus Wien nach England. Sie kam bei einer Tante unter, die schon eine Weile in London lebte. In England kann Ilse Aichinger sein, auch wenn sie nicht dort ist. Es ist einer jener Orte, an denen sie sich aufhält, ohne real anwesend zu sein. Dies empfindet sie als großes Glück. Hingegen war eine Lese-Reise nach Amerika im Jahr 1967 eine Überforderung. Viel lieber wäre Aichinger eine Seereise durch die irische See gewesen. »Lieber eine Schachpartie mit einer der fünf Tanten von Lewis Carroll als die Skyline New Yorks, von der alle sprachen.«[8]

Im November 2003 ändert Aichinger den Titel ihrer Kolumnen in *Die Schattenspiele*. »Schattenspiele, aufgetaucht und lange wieder abgetaucht: Menschen, die am Rande stehen, die nicht in Zeitungen oder auf Partys glänzen.«[9] In diesen Texten liegt der Schwerpunkt auf den Begegnungen mit Menschen, mit ihren Leben und ihren »Sterbensarten«. Es sind Menschen darunter, die zeitlebens am Rande standen, keine bedeutende Rolle spielten und womöglich irgendwann am Ende des Krieges lautlos verschwanden, als eigentlich das Verschwinden schon nicht mehr an der Tagesordnung war. Aichinger erinnert sich an die Wohnung in der Gumpendorfer Straße, in der ihre Mutter mit den Zwillingen nach der Scheidung vom Vater zog. Helga, ihre Zwillingsschwester, nannte die Wohnung und die Gegend immer »ödig«, ihr Spezialausdruck, selbst kreiert. Der Schatten der Schwester Helga zieht immer wieder ein ins Café Dehmel, nimmt Platz am Tisch, an dem Ilse Aichinger sitzt. Es ist ein langer Schatten, die Erinnerung an eine, die so ganz anders war als sie selbst: Helga lernte nicht gern, flog aus allen Schulen, war ungeeignet für das Leben einer Bildungsbürgerin.

Wie eine Großfürstin hält Ilse Aichinger nun im Alter Hof in ihrem Lieblingscafé. Und wie Gespenster huschen sie herein, nacheinander, Verwandte, geistige Ahnen: unter ihnen Alfred Adler, der Psychologe, unbekannter als Sigmund Freud. Er floh nach Aberdeen und starb dort am 28. Mai 1937. Am Vorabend seines Todes soll er noch im Kino gewesen sein. Er glitt aus auf dem Spaziergang und starb auf der Stelle, ein absurder Tod, der Aichinger beschäftigt.

Dann taucht der Schatten des Vaters auf, der Bücher kaufte, mehrmals die gleichen Ausgaben, der Schulden anhäufte, bevor man ihn in die Nervenheilanstalt brachte. Er stahl den jährlichen Weihnachtsbaum wie wahrscheinlich auch die Kugeln. Solch ein Vater gibt Fragen auf, auch lange nach seinem Tod. Sie haben

Wurzeln geschlagen damals, als die Zwillinge Kinder waren, Wurzeln, die sich tief in den Erdboden eingruben und wachsen konnten. Neben dem tragisch zu nennenden Bild des Vaters erscheint ein Unbekannter, der eher tragikomische Züge trägt. Aichinger erlebte diesen Mann bei einem Vortrag über Aids im Fernsehen. Unerwartet wurde bei ihm Aids diagnostiziert, worüber er in eine Euphorie gerät, weil er seinen größten Wunsch in Erfüllung gehen sieht: ein Grab neben dem der Marlene Dietrich zu haben. Er bekommt den freien Platz tatsächlich, freut sich unbändig und sieht sich am Ziel all seiner Sehnsüchte, doch beim nächsten Arztbesuch wird ihm mitgeteilt, es habe sich um eine Fehldiagnose gehandelt, er sei ganz und gar gesund. »Es war nichts mehr zu tun, nichts anderes mehr, als mit einer unabsehbar verlängerten Existenz fertig zu werden.«[10] Eine absurde, höchst verwirrende Geschichte, eine unglaubwürdige Begegnung.

Als nächster Toter erscheint Richard Reichensperger, der 2004 nach einem Sturz gestorben ist. Aichinger rühmt seine Wachheit, seine riesengroße Leselust, seine Liebe zu Joseph Brodsky. »Lesen konnte er tage -und nächtelang, an seinem Tisch oder liegend auf dem Bretterboden, immer so vertieft und lautlos, als wäre er schon fort.«[11] Sie erinnert die Beerdigung im Salzburger Land, woher der Tote stammt. Schwer falle es, den Ort zu verlassen, zurückzukehren nach Hause, aber an den Orten, die die entscheidenden sind, solle man sowieso nicht bleiben. Dafür bleiben sie in der Erinnerung. Auch Thomas Bernhard gesellt sich zu den anderen Toten,

»der arme Thomas«, wie Inge Scholl ihn an seinem Grab genannt habe, eine Charakterisierung, über die sie, Ilse Aichinger, immer wieder nachdenke.

Die Begegnung mit all diesen Verstorbenen ist für Aichinger zu einer Reise in die Vergangenheit geworden. Diese Art Autobiografie in Kolumnenform ist ein Reisebericht voller Wunder, Einsichten und Sensibilität. Die noch immer »renitente« Alte, die Aichinger sein will, trägt darin unendlich liebevolle Züge.

2005 schreibt Aichinger Kolumnen für das »Spectrum«, das der Wiener Tageszeitung »Die Presse« beiliegt. Sie arbeitet nun im Café Jelinek in Wien-Gumpendorf, liest die Boulevardpresse und Bücher von E.M. Cioran und erforscht die *Subtexte* ihrer Zeitgenossen. Aichinger scheint mit zunehmendem Alter immer präsenter zu werden, unerbittlicher im Hinschauen, klarer in der Diagnose der eigenen Zeit, eine überwache Beobachterin und Analytikerin auf der Suche nach den »richtigen« Worten. Und sie wird dabei immer komischer, sie nähert sich stärker Elfriede Jelinek und Ingeborg Bachmann an, obwohl sie letztere gar nicht besonders mag und der Meinung ist, sie habe viel »Falsches« geschrieben. Zum Beispiel sei der Ausdruck »Todesarten« völlig verfehlt. Der Tod sei der Tod, er verändere sich nicht, nur das Sterben verändere sich. Also müsse es wohl eher heißen »Sterbensarten«, ein Ausdruck, der auch in den *Schattenspielen* auftaucht. Bei der Aufdeckung von Sprachwidersprüchen ist Aichinger gnadenlos.

Wie leben Menschen mit sich selbst? Wie stehen sie zur eigenen Existenz und dazu, dass man ihnen diese Existenz ungefragt »an den Kopf geknallt« hat, wie

Aichinger konstatiert. Was brodelt im Untergrund eines jeden Lebens an Subtexten, an Vergangenem, an Gelesenem, an Historie, Gesellschaft, Denken oder Gedankenlosigkeit? Wenn man irgendwo Anschauungsunterricht in »wildem« Denken sucht, wird man bei Ilse Aichinger und in diesen Kolumnen fündig. Eine 85-jährige Schriftstellerin macht vor, wie Anarchie und Vernunft ineinander spielen können und wie aus dieser Melange große Kunst entsteht. E. M. Cioran, Raymond Chandler, Peter Handke und Johann Nestroy, William Blake, Wien, die Schulzeit im Sacré Cœur am Rennweg, das Hausmädchen Ayten aus der Türkei und die Brüder Grimm: Subtexte des Schreibens und Existierens von Ilse Aichinger. Die Dichterin beweist im Alter, dass es eine wilde Existenz war und ist – und ein wildes Schreiben,

1976, mit 55 Jahren, hat Ilse Aichinger geschrieben: »Es wäre vielleicht gut, kichernd zu altern, so wie man kichernd groß wird.«[12] Daran hält Aichinger fest. Sie erwähnt auch 2005 mit 84 die große Freude am Anarchischen, Kindischen. Daraus vermag für sie eine eigene Art der Rebellion zu erwachsen. Kinder sind Rebellen, unwissentlich – im Alter sieht Aichinger sich wieder als Rebellin, diesmal wissentlich. Sie öffnet Journalisten und Interviewpartnern bereitwillig und freundlich die Tür. Sie beantwortet deren Fragen und es scheint ihr großes Vergnügen zu bereiten, Paradoxien zu produzieren wie zum Beispiel folgenden Satz: »Schriftsteller sein ist der genaueste, kürzeste Weg fort vom Schreiben.«[13] Sprechen von jenseits der Grenze, die der Betrieb zieht. Etwas sagen und es im gleichen Atemzug zurücknehmen, um das Gegenteil zu verkünden. Zum Moment des Autobiografischen in ihren späten Texten befragt, verneint Aichinger diesen Aspekt, und erzählt direkt im Anschluss eine Geschichte aus ihrer Kindheit über das Fräulein Schrock, das ihre Mutter aus dem Irrenhaus holte und als Kindermädchen anstellte, aus Geldmangel. Immer wieder kommt Aichinger auf dieses Erlebnis zu sprechen, wie auch auf ihren Vater und seine Bücherkaufsucht, die die Familie fast ruinierte. Auch von der Zwillingskonstellation spricht sie in nahezu jedem Interview. Aber all diese Geschichten bieten keineswegs die Möglichkeit, einen versöhnlichen Umgang mit verschiedenen Episoden aus dem eigenen Leben zu pflegen. Es bleibt ein rebellisches An-Sprechen gegen die Unzumutbarkeit der Existenz. Dass man existieren muss, um Besuch von Dr. Mengele zu bekommen, um einen Vater zu erleben, der seine Familie verlässt, weil er unter einem Bücherkaufzwang steht, oder um ein irres Kindermädchen zu ertragen, das auf jedem Spaziergang mit dem Wachmann droht. In der litaneiartigen Wiederholung solcher Unzumutbarkeiten rebelliert Ilse Aichinger gegen die von ihr so stark empfundene Pflicht, existieren zu müssen.

»Vielleicht sollten wir versuchen, uns von außen zu betrachten, um nichts mehr mit uns selbst gemein zu haben. Das ist auch mein Ziel.«[14]

Außenseiterisch sein heißt für Ilse Aichinger auch, sich selbst immer wieder Außenseiter sein. Nicht das eigene Ich zum guten Kumpel nehmen. Damit fordert Aichinger von sich und für sich etwas, das gemeinhin gerade nicht mit dem Alter in Zusammenhang gebracht wird. Es heißt, das Alter sei die Lebensphase, in der man angekommen sein müsse bei sich, in der man versöhnlich umgehe mit anderen Menschen und sich selbst, in der eine Ruhe einzukehren habe. Aichingers Vorstellung vom Alter ist eine andere: die, wegzukommen von sich, aus der Ferne herüberzuschauen, die Außenperspektive einzunehmen, aus der scheinbaren Ordentlichkeit der Biografie das Anarchische zu ziehen und ihm seine Freiheit zu lassen.

Zum 80. Geburtstag schenkte Richard Reichensperger Ilse Aichinger einen lebensgroßen Stan Laurel aus Pappkarton. Er schleppte ihn eigenhändig in ihre Wohnung im Hochhaus und stellte ihn auf. Stan Laurel, der großartige britische Filmkomiker, stellt für Aichinger den besten Außenseiter dar, den sie kennt. Und nun hat sie ihn bei sich und kann kommunizieren mit ihm, vielleicht über das Leben als unnützer Umweg zum Nicht-mehr-da-sein oder über den Nonsens der Existenz.

Ilse Aichinger mag schimpfen darüber, dass sie schon so lange lebt. Für ihre Leserinnen und Leser ist es ein großes Glück. Die Texte Aichingers, die im Alter entstanden sind, gehören zum Wunderbarsten, Merkwürdigsten und Befremdlichsten, was sie geschrieben hat. Zum Glück gelingt es ihr nicht zu verschwinden. Sie schreibt weiter und bleibt Schriftstellerin. Ihre speziellen Übungen im Verschwinden hinterlassen eine Spur und sichern ihr eine Art Unsterblichkeit. Ihre täglichen Reisen von sich weg bescheren ihr blitzartige Momente äußerster, dichtester Präsenz.

In *Kleist, Moos, Fasane* aus dem Jahr 1987 schreibt Aichinger über die Bedeutung der Worte: »Ob sie Versorgung, Haus oder Versorgungshaus heißen, Eiswein, Lärm oder Gehege, es ist ihnen aufgetragen, lautlos zu werden.«[15] Die Sehnsucht nach dem Verschwinden ist Sehnsucht danach, nicht Herrin über die Worte zu sein, bloß Mitspielerin. Weit draußen, wo kaum noch etwas zu hören ist, beginnt das Spiel der Schriftstellerin mit den Worten. Aber zuerst gilt es, genau hinzuhören, genau hinzuschauen. Das tut Ilse Aichinger, auch im hohen Alter, auch wenn es den Anschein hat, als sei das Leben mehr denn je eine Last. Hören, in die Stille hineinhören, bis sie sich ergibt und spricht. Zum Beispiel die Worte und Sätze Ilse Aichingers: »Was heißt das: Tod? Im November blühen noch Schneebälle.«[16]

Alice Munro (geb. 1931)

Ich bin der Mick Jagger der Literatur.
Ich schreibe einfach immer weiter.

Im Jahr 2013 wird eine Schriftstellerin mit dem Litera-
turnobelpreis geehrt, über die man bis heute lesen
kann, sie habe einige Jahre lang am Küchentisch
geschrieben, sporadisch nur, und immer dann, wenn
ihre vier Kinder außer Haus waren oder zum Mittags-
schlaf in ihren Betten lagen. Das entspricht zwar der
Wirklichkeit, erscheint aber doch etwas überbewertet,
als wäre diese Arbeitsweise eine aufgezwungene, die
sie sonst auf keinen Fall gewählt hätte.

In einem »Zeit«-Interview vom 23.3.2006 – eines
der wenigen Interviews mit Alice Munro, die den Lite-

raturrummel scheut – sagt die Schriftstellerin: »War ich einmal richtig drin in einer Geschichte, ging im Haushalt alles drunter und drüber. Ich schälte die Kartoffeln, dachte mir dabei die nächsten paar Sätze aus, setzte die Kartoffeln auf, und während diese kochten, rannte ich ins Wohnzimmer und schrieb wieder ein paar Zeilen. Ich hatte damals kein eigenes Arbeitszimmer – und bis heute habe ich keines. Ich schreibe an einem kleinen Sekretär in einer Ecke des Wohnzimmers.«[1] Trotzdem: Es ist viel mehr als die Not, die Munro zu ihrer ganz eigenen Form des Schreibens gebracht hat. Auch wenn sie von Anfang an alle Zeit der Welt gehabt hätte, hätte sie geschrieben, sonst wäre sie nie eine derart faszinierende Schriftstellerin geworden. Im selben Interview spricht Munro sehr direkt über ihre spezielle Schreibtechnik: »Noch heute schreibe ich in relativ kurzen Konzentrationsphasen, um dazwischen irgendetwas anderes zu machen im Haus. Nach wie vor trage ich die Verantwortung für den Haushalt. Oder ich fühle mich zumindest verantwortlich dafür. Verstehen Sie mich nicht falsch, mein zweiter Mann und ich, wir teilen uns die Hausarbeit, er ist ein wunderbarer Koch, aber ich weiß, an welchem Tag der Müll raus muss, und ich überlege, was wir einkaufen müssen. Bei männlichen Schriftstellern ist das anders. Kürzlich las ich ein Interview mit dem irischen Autor William Trevor, den ich sehr schätze. Das Gespräch findet bei Trevor zu Hause im Wohnzimmer statt, und während er mit dem Journalisten spricht, kommt irgendwann Mrs. Trevor in den Raum und bringt Sandwiches und Tee. Verstehen Sie: Ich bin gleichzeitig Mr. und Mrs. Trevor.« Hier kokettiert Munro offensichtlich mit dem Bild, das sich die literarische Welt von ihr gemacht hat. Schließlich könnte sie sich eine Haushälterin leisten und eine Köchin dazu. Sie müsste das alles nicht mehr allein machen. Sie will es gar nicht anders. Es ist ihr Lebens- und Arbeitsrhythmus.

Alice Munro hat mit Kurzgeschichten begonnen und ist bei Kurzgeschichten geblieben, auch als ihre Kinder längst erwachsen waren. Auch in den Phasen einer freieren Zeitgestaltung bleibt sie bei der kurzen Form. *Dear Life* oder *Liebes Leben* sei ihr letztes Buch, sagt Alice Munro zu diesem 2012 erschienen Band mit Erzählungen. »Ich sage schon lange bei jedem neuen Buch, es sei das letzte.«[2] Wann das genau angefangen hat, lässt sich nicht rekonstruieren. Im oben erwähnten »Zeit«-Interview nennt sie sich den »Mick Jagger der Literatur«. Jagger spricht bei jeder Tour davon, es sei die letzte – bis die nächste kommt. Es wäre auch seltsam, wenn bei einer derart kreativen Schriftstellerin die Ideen plötzlich ausblieben, sich keine neuen Figuren einstellten. Sie würde es vor Einsamkeit nicht aushalten.

Wenn Alice Munro über ihr neues Buch sagt, es seien die »ersten und letzten Dinge«, die sie über ihr Leben zu sagen habe, dann kann man nur staunen, hat diese Autorin doch in keinem ihrer Bücher jemals über etwas anderes geschrieben. Jede der Kurzgeschichten Munros handelt von ersten und letzten Dingen. Und auch im Alter liegt ihr nichts daran, zu einer letztgültigen Klärung existenzieller Dinge zu kommen. Stattdessen konstatiert sie ein wachsendes Interesse an Archiven und Nachschlagewerken. Immer Neues tritt zutage, verbindet sich mit Bekanntem, Gekanntem,

Erfahrenem. Und das Leben wird nur umso spannender, reicher an Geschichten. Charakteristisch für Alice Munro ist, dass auch dieses neu entdeckte Interesse für Archive sie nicht daran hindert, weiterhin zu erfinden, der Fantasie zu trauen, sich bewusst zu bleiben, dass ein großer Anteil unserer Erfahrungen Erfindungen sind, Ahnungen, vielleicht Täuschungen. »Ich lebte in meiner Kindheit am Ende einer langen Straße oder einer Straße, die mir lang vorkam.«[3] So beginnt die Titelgeschichte des Bandes *Liebes Leben*. Munro betont wie zum Trotz, dies sei keine Geschichte, »nur das Leben«. Und dennoch macht eine Geschichte das Zentrum der Erzählung aus, die nur das Leben beschreiben will, nämlich die Geschichte über Mrs. Netterfield, die die Mutter ihrer Tochter, der Ich-Figur, in verschiedenen Versionen erzählt. Diese Geschichte rankt sich um das Elternhaus und bildet eine Art Keimzelle für mögliche weitere Geschichten, die das Ich nicht erzählt, die aber im Hintergrund lauern.

Im Vorwort zu dem 2006 erschienenen Buch *The View from Castle Rock (Wozu wollen Sie das wissen?)* erläutert die 75-jährige Munro ihr Verfahren sehr genau: »Ich fügte über die Jahre hin all dies Material zusammen, und, nahezu ohne dass ich merkte, was geschah, fing es an, von sich aus hier und da so etwas wie Geschichten zu bilden. Einige der Personen überließen mir ihre eigenen Worte, andere entstanden aus ihren Lebenslagen. Ihre Worte und meine Worte, eine seltsame Neuerschaffung persönlichen Lebens in vorgegebenen Umständen, so wahrheitsgemäß geschildert, wie es unsere Vorstellung von der Vergangenheit irgend zulässt.«[4]

Etwas von sich und vom eigenen Leben preisgeben, heißt für Alice Munro, von denen zu erzählen, mit denen dieses Ich im Lauf seines Lebens zu tun hatte und hat, aber auch mit Landschaften und Orten. Und vor allem von den Geschichten, die über diese anderen Leben, deren Welt, im Umlauf sind, die erzählt wurden, in die Archive Eingang gefunden haben oder auf andere Weise aufbewahrt wurden. Immer vertraut die Schriftstellerin dabei ihrem Gefühl, ihren Mutmaßungen, Instinkt und Intuition.

Jetzt im Alter interessiert sie sich noch stärker als zuvor für die Erfahrungsvielfalt, die Menschen im Lauf ihres Lebens anhäufen, auch die sogenannten »einfacheren Menschen«. Immer sind es die gleichen Dinge, mit denen sie sich herumschlagen, auch wenn die gesellschaftlichen Umstände sich im Lauf der Zeit grundlegend verändert haben. Zum Beispiel die Sehnsucht nach dem Ungelebten, nach Verwirklichung der im Dunkel schlummernden Möglichkeiten.

Alice Munro versetzt sich hinein in ihre schottischen Vorfahren, die nach Kanada ausgewandert sind. Und auch hier sind es vor allem die Frauen, denen ihr besonderes Augenmerk gilt. Wie es diesen Menschen ergeht, wenn sie Schottland, ihre Heimat, wo noch Geister und Dämonen ein- und ausgehen, verlassen, um in einem Land anzukommen, dessen Sinn ganz auf die nüchterne Realität ausgerichtet ist. Die Frauen sind ihren Männern gefolgt, heißen gut, was diese gutheißen und haben im Verborgenen Träume, die niemand kennt. So verhält es sich jedenfalls in den Erzählungen Munros. Wenn Alice Munro über ihre Eltern schreibt, versetzt sie sie in einen Raum der Möglichkeiten, den sie wahrscheinlich gar nicht kennen. Und trotzdem bemühen sich diese Menschen redlich, etwas aus ihrem Leben zu machen. Munros Mutter beispielsweise verkauft eine Zeitlang in einem Hotel Pelzstolas und sorgt damit für den Unterhalt der Familie, weil der Vater gerade keine Arbeit hat. Sie mag es, in der Fremde zu sein, weg von zuhause, und später, als die Parkinson-Krankheit sie fest im Griff hat, erinnert sie sich noch immer gern an das »Pine Tree Hotel, an die Freunde dort und an das Geld, das sie verdient hatte.«[5] Mutter, Vater, Großeltern, Freunde und Freundinnen: Alle tauchen auf und werden lebendig in diesen Erzählungen. Dass es sich um echte Erzählungen handle, betont Munro, nur seien diese eben noch näher an ihrem eigenen Leben als sonst. Mit den Augen eines Kindes betrachtet, gibt es darunter skurrile Personen. Die Freundin zum Beispiel, die sich vorstellen könnte, ihren gewalttätigen Vater zu töten, oder die Eltern einer anderen Freundin, die sich im Beisein der beiden Mädchen schmatzend küssen, während der Mann seiner Frau in den Po kneift, nachdem das Haus fast abgebrannt wäre. Die Ich-Erzählerin Alice erlebt solcherlei Benehmen als befremdlich. Sie kennt es von zuhause nicht. »Ich stellte mich selbst in den Mittelpunkt und schrieb über dieses Ich, so wahrheitsgetreu wie ich konnte. Aber die Personen um dieses Ich herum nahmen ihr eigenes Leben, ihre eigene Gestalt an und taten Dinge, die sie in Wirklichkeit nicht getan hatten.«[6] Was vor allem einen unauslöschlichen Eindruck hinterlässt in diesen »Geschichten aus meiner Familie« ist das Meer an Erfahrungen, das sich vor uns Lesenden ausbreitet.

Die erste Liebesgeschichte in *Wozu wollen Sie das wissen?* dreht sich um einen Jungen namens Russell Craik, der aus einer Familie stammt, die angeblich zur Heilsarmee gehört. Russell kann Alice nicht ins Kino oder zum Tanzen einladen, weil sein Glaube ihm das verbiete. Also verbringen die beiden ihre freie Zeit auf andere Weise: »Zum einen fuhren wir Fahrrad.«[7] Mit dem Fahrrad erkunden sie die Gegend. Und wir haben das Glück, auf unendlich detailliert liebevolle Weise eingeweiht zu werden in die Besonderheiten der Landschaft. Alice Munro entpuppt sich als profunde Kennerin von Fauna und Flora ihrer Heimat und als große Naturliebhaberin: »Ich weiß, wenn wir über den Hügel kamen, dann wurden die Eichen und Föhren von Rottannen und Lärchen und Zedern verschluckt, ebenso die buckligen Wiesen und alles, was wir lange Zeit sehen konnten, das waren auf beiden Seiten nur Sumpfpflanzen, mit vereinzelten hohen Kranbeersträuchern, an die niemand je herankam, und einigen zierlich aussehenden, scharlachroten Blumen, deren Namen ich nicht genau wusste – ich glaube, sie hießen Teufeltuschpinsel.«[8] Hinzu kommen Russells Erzählungen aus seiner Familie. In dieser ersten Liebe bleibt dem Mädchen genug Raum für Fantasien. Die Geheimnisse des männlichen Körpers zum Beispiel werden nach und nach gelüftet, und solange man nicht alles weiß, ist eben das Vorstellungsvermögen gefragt. Diese Beziehung endet traurig, der junge Mann entscheidet sich für eine andere. Am Abend der Wahrheit kommt Alice nach Hause, nimmt ein Buch aus dem Regal und liest. In der Erinnerung misst sie dieser Entscheidung zur Lektüre eine ziemliche Bedeutung zu.

»Denn nur in Büchern fand ich in den nächsten Jahren meine Geliebten.«[9]

Im Alter blickt Alice Munro zurück, erinnert sich an Kindheit und Jugend, erforscht das Leben ihrer Vorfahren. Sie wuchs auf einer Silberfuchsfarm im Süden der Provinz Ontario auf. Als Munro zehn Jahre alt war, erkrankte ihre Mutter an Parkinson. In den Geschichten, die sie über ihre Familie schreibt, treten all diese Personen aus dem Dunkel hervor, bekommen Konturen. Man möchte immer mehr von ihnen erfahren, hat man einmal damit begonnen, sie kennenzulernen. Auch wenn sie Dinge tun, die sie im echten Leben wahrscheinlich nicht taten, stellen sich keine Zweifel ob der Identität der Figuren ein. Vielleicht stimmt es wirklich, dass Menschen erst dann zu Personen werden, wenn jemand Geschichten über sie erzählt, egal, ob diese Ereignisse sich so oder anders zugetragen haben. Es geht der Schriftstellerin weniger darum, sich selbst darzustellen, als vielmehr um die Erweckung einer versunkenen Welt. Was Munro selbst betrifft, so gelangt man, wenn man es nicht schon früher ahnte, nach der Lektüre dieses Buches zu der Einsicht, dass es in der Tat längst nicht nur die Rolle der Hausfrau und Mutter ist, die sie dazu brachte, Kurzgeschichten zu schreiben. Mit dem Schreiben begonnen hat sie bereits im Teenageralter und von früher Jugend an ist dies ihre besondere Art, Erfahrungen in blitzartigen Erkenntnismomenten zu erfassen und in Geschichten zu verwandeln.

Es kommt Alice Munro entgegen, dass sie mit ihrem zweiten Mann, dem Geografen Gerold Fremlin, wieder in der Gegend wohnt, in der sie aufgewachsen ist.

Diese Landschaft durchforstet sie nun mit einer Neugierde, wie sie sonst eher in den Wissenschaften zu finden ist. In der Titelgeschichte von *Wozu wollen Sie das wissen?* berichtet Munro von einer Mammographie aus dem Jahr 1992, im Verlauf derer in ihrer Brust ein Knoten entdeckt wird. Ob eine Biopsie gemacht werden soll, entscheidet sich erst in zwei Wochen. Munro verbringt diese relativ lange Wartezeit nun aber nicht damit, über den Sinn des Lebens und des Todes zu sinnieren, ernste Musik zu hören oder bedeutungsschwere Literatur zu lesen. Stattdessen studiert sie Landkarten und vergleicht das darin Aufgezeichnete mit eigenen Entdeckungen. Und so bekommt man unfreiwillig eine Lehrstunde in Geografie, Geologie, Botanik und Kulturgeschichte. Vor allem zwei Hügelgräber ziehen Munro und Fremlin in Bann. Indem sich Munro Landschaft, Geschichte und Gegenwart ihrer Heimat und deren Rätsel widmet, beschäftigt sie sich unmerklich auch mit sich und ihrem Körper. »Die Landschaft hier ist ein Zeugnis uralter Ereignisse. Sie wurde von dem vordringenden, stillstehenden und zurückweichenden Eis geformt ... Eine solche von den Eiszeiten geformte Landschaft ist verletzlich.«[10] Wie die Menschen, möchte man ergänzen. Wie der menschliche Körper, in dem das Leben sich breitmacht, manchmal fast stillsteht und aus dem es irgendwann zurückweicht.

Und so ist der Umgang mit der Vergänglichkeit nichts Fremdes für Alice Munro. Im Gegenteil: Sie selbst bezeichnet sie als ein zentrales Thema ihrer Arbeit. Und betont, dass das Thema unter anderem in einer ihrer »liebsten Geschichten«, *Eine schwimmende*

Brücke aus dem im Jahr 2001 erschienen Band *Hateship, Friendship, Courtship, Loveship, Marriage (Himmel und Hölle)*, behandelt wird. Eine Frau in den Vierzigern bekommt die tödliche Krebsdiagnose. Sie kann den Haushalt nicht mehr bewältigen und so stellen ihr Mann und sie eine junge Frau an. Als ein Besuch bei deren Verwandten nötig wird, geht die Kranke, Jinny, nicht mit ins Haus. Sie zieht es vor, sich an der frischen Luft zu erholen und bleibt beim Auto. Bis hierher lässt sich die Geschichte leicht mit eigenen Worten nacherzählen. Dann wird man hineingezogen in die eigentümliche Erzählweise Munros und in das Geschehen oder besser Ereignis, das plötzlich hereinbricht und dann seinen Lauf nimmt. Was Munro schildert, ist die Erfahrung eines Herausgleitens aus dem normalen Leben mit seinen selbst im Angesicht des Sterbenmüssens doch klaren Strukturen. Es kommt zu einer überraschenden Begegnung und zu einer höchst merkwürdigen Autofahrt an einen wunderbaren Ort. Und schließlich küsst ein junger Mann Jinny, die todkranke verheiratete Frau.

»Es kam ihr vor, als sei sie zum ersten Mal in ihrem Leben an einem Kuss beteiligt, der ein Ereignis für sich war. Eine Geschichte mit Anfang, Mitte und Ende.«[11] Ein Fest, weit entfernt vom gewohnten Alltagsliebesleben. Ein Moment »zärtlicher Fröhlichkeit«, gegen das Rasen der Zeit, gegen die Vergänglichkeit. Alice Munro nimmt ihre Figuren für eine Weile an der Hand, führt sie, bis sie sich losreißen und ihren eigenen Weg gehen. Das Loslassen kann sie immer besser und immer häufiger stellt sich ein unerwarteter Zauber ein, wie eben in der Geschichte *Eine schwimmende Brücke*.

Im Lauf ihres Lebens erstellen Menschen sich eine Art künstliches Ich, das ihnen hilft, Entscheidungen zu fällen, den Alltag zu bewältigen. Und oft verpassen sie dabei Gelegenheiten, die andere Lebensmöglichkeiten eröffnen könnten. Das kann zum Beispiel darin bestehen, dass wir versäumen, einem anderen Menschen etwas zu geben, was dieser sich sehnlich wünscht. In der letzten Erzählung von *Liebes Leben* bezieht Munro dieses Grundversäumnis auf alle Menschen, sich selbst eingeschlossen. Es geht um die Beziehung zu ihrer Mutter, die sehr früh an Parkinson erkrankte, damals eine Krankheit, der man hilflos gegenüberstand. »Ich fuhr nicht nach Hause, als sie im Sterben lag, und ich fuhr auch nicht zu ihrer Beerdigung. Ich hatte zwei kleine Kinder und niemanden in Vancouver, bei dem ich sie lassen konnte. Wir hätten uns die Bahnfahrt nur schwer leisten können, und mein Mann verachtete konventionelles Verhalten, aber warum ihm die Schuld geben? Ich empfand genauso. Wir sagen von manchen Dingen, dass sie unverzeihlich sind oder dass wir sie uns nie verzeihen werden. Aber wir tun es – wir tun es immerfort.«[12] Es gibt immer Ausreden, die verhindern, notwendige Dinge zu tun. Dabei ist Alice Munro keine Schriftstellerin, die den moralischen Zeigefinger erhebt, ganz im Gegenteil. In keinem ihrer Bücher findet sich die Verurteilung einer bestimmten Form menschlichen Handelns. Dinge geschehen, Menschen handeln und sprechen. In Munros Spätwerk wird dem Ungeheuerlichen sogar ein größerer Raum gegeben als je zuvor. Es kriecht hervor, breitet sich aus, ist präsent. Die Schriftstellerin lässt ihre Figuren bis an ihre absolute Grenze gehen und nimmt dabei die Gefahr in Kauf, dass sie in den Abgrund stürzen könnten. Dann aber kann es sein, dass doch etwas geschieht, das Hoffnung macht, dem Ganzen eine andere Wendung gibt. Dabei herrscht eine zutiefst unsentimentale Atmosphäre. Es regt sich kein Pathos, kein weinerliches Mitleid kommt auf. Munros Stil bleibt glasklar, egal ob sie Schrecken oder Wunder schildert. »Nein« antwortet Doree in der Erzählung *Dimensionen* in *Too Much Happiness (Zu viel Glück)* von 2010 auf die Frage des Busfahrers, ob sie nicht nach London müsse. Denn eigentlich ist sie auf dem Weg dorthin, um ihren Mann zu besuchen, der eingesperrt ist, weil er die drei gemeinsamen Kinder getötet hat. Auf der Busfahrt ist ein Unfall passiert und Doree kümmert sich um einen schwer verletzten jungen Mann. Sie wiederbelebt ihn, lauscht seinem Atem, spürt den eigenen Atem und weiß, sie muss nicht weiter nach London, sondern wird warten, bis der Bus von dort zurückkommt.

Munro bleibt eine Meisterin auch im Schildern von Momenten, in denen eine Figur loslassen kann. Bei ihrem Arbeitsstil ist das nur allzu verständlich. Munro sitzt nicht am Schreibtisch und wartet oder bemüht sich angestrengt, im Fluss des Erzählens zu bleiben. Sie steht auf, lässt die Geschichte zurück, gibt den Figuren ein Stück Freiheit, macht etwas anderes und dann kann es sein, dass plötzlich ein Einfall da ist, eine überraschende Wendung sich ergibt, mit der die Figuren vielleicht einverstanden sind.

In Munros Alterswerk geht es mehr denn je um Dimensionen, um überraschende Wendungen. Ihre Geschichten sind oft grausam, es geschehen fürchterliche Dinge, aber nie sind die Figuren durch und durch brutal angelegt. Munro lässt jeder ihrer Figuren einen Spielraum, ermöglicht ihnen Einsichten, Erfahrungen, Erkenntnisse, die ihr Leben noch einmal in eine neue Bahn bringen. Sie lässt sie hoffen, auch wenn sie Schreckliches erlebt haben. Manchmal genügt eine Erinnerung an einen Namen, ein Gesicht.

Eine gewisse Sonderstellung gebührt *Erzählungen aus Zu viel Glück.* Hier zwingt sich der Eindruck auf, Munro wolle alle möglichen Beziehungsformen auf einmal vorstellen, sich hineinversetzen in unterschiedliche Milieus. Da tauchen auf: ein Mann in dritter Ehe, eine Frau in zweiter Ehe, ein Lesben- und ein Schwulenpaar, alle irgendwie miteinander verwandt. Das Zentrum bildet ein Neurophysiologe, Professor Matt. Er ist verheiratet mit Joyce, einer Cellistin, die in erster Ehe mit einem Möbelschreiner zusammen war. Die Zeit: heute, was sich unter anderem darin zeigt, dass gefüllte Eier nach einer Party weggeworfen werden, weil die niemand mehr essen mag: »Altmodisch. Zu viel Cholesterin.«[13] Alles hat den Charakter des Flüchtigen in dieser Geschichte, die Vergangenheit, die Gegenwart, Beziehungen, Erinnerungen, das Glück. Das alles ist, wie es ist, und nichts lässt sich daran ändern. Hier reflektiert die Autorin das Verhältnis von Erzählungen zum Roman. Die Protagonistin Joyce begegnet einer ehemaligen Schülerin, die zur Schriftstellerin geworden ist. Joyce liest ein Buch von ihr: *Wie sollen wir leben?* ist eine Sammlung von Erzählungen, kein Roman. Schon die erste Enttäuschung. Das scheint das Gewicht des Buches zu verringern, als sei seine Verfasserin jemand, der sich nur an die Pforten der Literatur klammert, statt sich in ihr selbst sicher niedergelassen zu haben.«[14] Aber natürlich ist es nicht so. Gute Erzählungen führen genau ins Zentrum der Literatur, verwandeln Leben unmittelbar in Sprache – ohne Umschweife, ohne Ausflüge ins Nebensächliche. Gerade hier in diesem Erzählband zeigt sich das auf unübertreffliche Weise. Geheimnisse werden umkreist, Geheimnisse, in denen es um Glück geht, um Liebesversprechen. Mit nahezu beängstigender Sicherheit schafft Munro es, ihre Leser in der Spannung zu halten. Was könnte nicht alles geschehen, wenn man nicht so sehr an der Normalität hinge. Schon ist der entscheidende Moment vorbei, das Leben nimmt seinen Gang wieder auf. Was bleibt, ist Erinnerung.

Alice Munro schenkt ihren Figuren immer wieder magische Momente. Ihr Sinn für Magie ist im Alter so stark wie nie. Menschen sind zunächst Kinder, dann sind sie erwachsen und irgendwann entdecken sie, dass sie alt sind. »Es verwundert mich manchmal, wie alt ich bin.«[15] Munro zeigt, dass das am wenigsten Banale der Alltag ist und dass magische Momente nur inmitten des Alltags möglich sind. Banal ist es hingegen, wenn manche Leute, Journalisten und Literaturkritiker zum Beispiel, auch heute noch die Schriftstellerin auf ihr Geschlecht reduzieren wollen. Wie etwa dieser schwedische Journalist, der anlässlich der Verleihung des Nobelpreises, zu der Munro nicht nach Stockholm flog, fragte, ob sie sich ihr Publikum am liebsten weiblich wünsche. Munro hat die wunderbare Gabe, solcherlei Fragen einfach hinwegzulächeln. Sie schreibt über Männer und Frauen, Kinder, Alte. Sie tut es humorvoller denn je und hat im Lauf der Jahre die Möglichkeitsspielräume ständig erweitert. Es sind nicht nur Frauen, die im Zentrum ihres Erzählens stehen. Die Erzählung *Zug* aus *Liebes Leben* widmet sich einem Mann, den es in die Einöde verschlägt, und der dort eine Frau trifft, einige Zeit bei ihr wohnt und dann weiterzieht, nachdem sie krebskrank ins Krankenhaus muss. »Sie war – das hatte er herausbekommen – sechzehn Jahre älter als er. Das zu erwähnen oder auch nur Witze darüber zu machen, hätte alles verdorben. Sie war eben eine bestimmte Art von Frau, er eine bestimmte Art von Mann.«[16] Als der Mann die Frau im Krankenhaus besucht, muss er ein Formular unterschreiben und den Verwandtschaftsgrad vermerken. Er schreibt: »Freund«. Die Leichtigkeit, mit der Munro erzählt, verblüfft jedes Mal aufs Neue.

Das Handeln der Menschen ist eingebettet in den Fluss der Zeit. Menschen sind nicht Herren über ihr Leben, aber sie sind gleichwohl dem Schicksal nicht ausgeliefert. Sie bleiben Handelnde. Einen tieferen Grund aber, warum sie so und nicht anders handeln, gibt es nicht. Munro psychologisiert nicht und ist dennoch eine exzellente Psychologin. Sie lässt ihre Figuren leben und feiert mit ihnen das Leben, ohne nach größeren Zielen zu fragen oder diese mit moralischen Anforderungen zu konfrontieren. Da merkt eine Frau eines Tages, dass ihr Geliebter das Geld, das sie eigentlich einer zufällig zur Mitwisserin gewordenen Frau zukommen lassen wollte, um sie dauerhaft am Reden zu hindern, in die eigene Tasche gesteckt hat. »Männer mit Familien, Ferienhäusern, Kindern in der Ausbildung, unbezahlten Rechnungen, – die brauchen nicht darüber nachzudenken, wie sie dieses Geld ausgeben sollen. Es kann nicht einmal ein warmer Regen genannt werden. Nicht nötig, es zu erklären.«[17] Natürlich spürt man in solchen Sätzen die enorme Lebenserfahrung der Schriftstellerin. Die Betrogene verlässt den Geliebten nicht:»Zu spät um etwas anderes zu tun. Denn es hätte schlimmer kommen können, viel schlimmer.«[18] Das weiß Munro ganz genau. Ein langes Leben hat es sie gelehrt: Menschen ändern von sich aus äußerst ungern etwas. Liebgewordene Angewohnheiten werden beibehalten, auch wenn sich irgendwann ein Abgrund auftut. Es gehört zur großen Kunst Alice Munros, das Lauern einer unergründlichen Tiefe in der schwebenden Präsenz zu halten, während ihre Figuren weiterleben. Ihre Irrtümer bringen sie nicht endgültig zu Fall, der Kreislauf aus Verletzen und verletzt Werden zerstört sie nicht. Und manchmal blitzt in einem Moment voller Magie etwas auf, das man »Sinn« nennen könnte, käme es überhaupt darauf an.

Alice Munro wird im Alter nicht philosophisch, sondern bleibt durch und durch erzählerisch. Wer erzählt, braucht keine Erklärungen abzugeben. Im Erzählen immer dichter werden, raffinierter, leichthändiger: Das scheint Munros Anspruch zu sein. Und so wird der »Mike Jagger der Literatur« weiter von den Menschen und ihren Geheimnissen erzählen.

Maja Beutler (geb. 1936)

Es braucht Wut, Liebe und Ausdauer

»1936 wurde ich in Bern als Einzelkind geboren. Und doch war ich keines. Mein Gitterbett gehörte dem Bruder, mein Spielzeug war sein Spielzeug, sein Porträt thronte über dem Klavier, und beim Essen lächelte er im kleinen Fotorahmen über meine Tischmanieren, ein Toter sieht alles.«[1]

Maja Beutler hat eine Dolmetscherausbildung gemacht, war Hausdolmetscherin in der Schokoladenfabrik Perugina in Rom, musste eine Zeitlang die Leitung der väterlichen Druckerei in Bern übernehmen, heiratete 1961 Urs Beutler, arbeitete als Übersetzerin und bekam drei Kinder. Im Alter von vierzig Jahren kann sie ihr erstes Buch veröffentlichen: *Flissingen fehlt auf der Karte*. Ein Band mit Geschichten. Im gleichen Jahr wird eine Krebserkrankung diagnostiziert. Maja Beutler veröffentlicht weiter. 1980 erscheint *Fuß fassen*, 1983 *Die Wortfalle*, 1989 *Das Bildnis der Don Quichotte* und 1994 *Die Stunde da wir fliegen lernten*.

2013 bringt der Zytglogge Verlag einen Band mit Prosa von Maja Beutler aus vierzig Jahren heraus: *Ich lebe schon lange heute*. Darin findet sich die Erzählung *Lady Macbeth wäscht sich die Hände nicht mehr* von 1989. Aus dieser Erzählung hat Beutler auch ein Theaterstück gemacht, das 1994 im Schauspielhaus Zürich uraufgeführt wurde. Die Hauptfigur, Hetti, ist verheiratet mit dem Chef eines Pharmaimperiums, der morgens früh das Haus verlässt und abends spät zurückkommt. Hetti, kinderlos, bewohnt das Riesenhaus mit Riesengarten praktisch allein, was sich für sie überhaupt nicht paradiesisch anfühlt. Aber Hetti schafft sich den Ballast Ehemann vom Hals oder besser: Sie schafft ihn sich ein für alle Mal in ihre direkte Nähe. Hettis Einsamkeit endet, nachdem sie Nick eines Nachts – es ist ihr 50. Geburtstag – in die Öltankgrube im Garten gestoßen und den Deckel geschlossen hat. »Er war zuhause. Er blieb da.«[2] Eine makabre Geschichte, wobei das Theaterstück durch die Möglichkeit der Verkörperung noch extremer in der Wirkung ist. Am verwirrendsten und spannungsreichsten aber ist Hettis Kopfkino. In der Erzählung betont Hetti im imaginierten Zwiegespräch mit dem ermittelnden Kommissar, sie und ihr Mann steckten unter einer Decke. Wie wahr! Auf der Bühne sieht man beide, Seite an Seite, gemeinsam aufbrechen. So kommt im Theater eine weitere Dimension ins Spiel: Der Kopfkinotagtraum wird sichtbar. Und das schätzt die Theaterautorin Maja Beutler sehr. Man könne auf der Bühne sogar Szenen gegen den Dialog inszenieren. Maja Beutler ist vor allem durch ihre Theaterstücke bekannt geworden. Ihr erstes Theaterstück, *Das blaue Gesetz*, wurde 1979 in Biel uraufgeführt. 1985 führte das Theater Basel ein weiteres Theaterstück auf: *Das Marmelspiel*.

Kurz nach der Uraufführung von *Lady Macbeth wäscht sich die Hände nicht mehr* meldet sich die vor zwanzig Jahren erfolgreich behandelte Krebserkrankung zurück. Es ist nicht der Krebs selbst, sondern es sind die Folgen der damaligen rabiaten Strahlenbehandlung. Maja Beutlers Kieferknochen zerfällt. Eine Transplantation wird nötig. Fünfzehn Jahre lang hat Beutler zu kämpfen mit der Krankheit. Mit großer Mühe nur kann sie arbeiten, so dass 2009 ein neuer Band von ihr erscheinen kann: *Schwarzer Schnee*. Wieder sind es Erzählungen. Inzwischen ist Maja Beutler 73 Jahre alt und Witwe: Ihr Mann ist im Jahr 2007 gestorben. »Fast kommt es einer Wiedergeburt als Autorin gleich, dass ich nach 15 Jahren Schweigen den Erzählband ›Schwarzer Schnee‹ veröffentlichen konnte.«[3]

Man käme leicht auf den Gedanken, Beutler müsse sich mit diesen Geschichten ihren Schmerz von der Seele geschrieben haben. Was sonst könnte in ihrem

Fall Thema sein als die langen Krankheitsjahre. Beutler selbst aber sieht es gar nicht so, sondern pocht darauf, dass man ja schließlich nicht als »Patientin« schreibe. Vielmehr komme es ihr auf »Verdichtung« an. Noch unerbittlicher als in früheren Jahren hält sie sich im Alter an dies Prinzip der Verdichtung. Nur ja keine Direktübertragung der Wirklichkeit in Literatur.

2011 bekommt Maja Beutler das Stipendium »Weiterschreiben« der Stadt Bern. Wie sie am 17.11.2011 in einem Interview mit dem »Tagesanzeiger« betont, wundere sie sich über gar nichts mehr. Da sei man plötzlich im Gespräch, dann ein paar Jahre lang umständehalber eben nicht mehr und auf einmal erhalte man ein Stipendium. Eine wie Maja Beutler lässt sich durch solcherlei Dinge nicht zum Übermut verleiten. Sie kennt schließlich den Literaturbetrieb und weiß, wie zufällig und kurzlebig Erfolg sein kann. Für Autorinnen wie sie, die sich nicht anbiedern an den Zeitgeschmack, weder stilistisch noch thematisch, ist es schwerer denn je. Ihr Verlag ist ein kleiner Verlag, der wenig Mittel für werbewirksame Marketingmaßnahmen hat. Der Grad ihrer Bekanntheit bleibt weitgehend auf die Schweiz beschränkt. Die Rezensionen zu *Schwarzer Schnee* sind fast durchwegs positiv, aber das Buch verkauft sich trotzdem schlecht. Maja Beutler sieht es gelassen. Selbstmitleid ist nicht ihre Sache.

Maja Beutlers großes Interesse gilt dem Schildern fantastischer Bilder. Im Alter hat sich daran nichts geändert, im Gegenteil. Wenn zum Beispiel in der Erzählung *Die Ausgestopften* eine Frau nach Hause kommt und der Mann sich hinter der Zeitung verschanzt und lediglich drei Standardbegrüßungssätze über die Lippen bekommt, dann stattet Beutler die Frau mit einem reichen Vorstellungsvermögen aus, das sich aus dem Stegreif an die Arbeit macht. Die Frau fantasiert eine Szene, in der ihr Ehemann »im finalen Krampf seine NZZ nicht loslassen konnte.«[4] Sofort kommt man auf die Idee, dass genau diese Geschichte auf die Bühne gehöre. Beutlers Erzählungen sind immer auch Vorschläge für deren szenische Umsetzung. Makabre Szenen wie in all ihren Erzählungen und Theaterstücken bevölkern diese Geschichten Maja Beutlers. Keine Altersmilde stellt sich ein: Radikal wie seit ihren Anfängen geht diese Schriftstellerin mit ihren Figuren um und lässt sie auf Messers Schneide tanzen.

Schwarzer Schnee, das sind auch zwischen die Erzählungen eingestreute Episoden aus dem Leben einer »Signora«. In *Flaschenpost* geht es darum, dass die Signora die Bücher ihres Vaters nach dessen Tod nicht weggibt, sondern ihre eigenen Bücher neben den ererbten im Regal platziert. Manchmal liest sie sich in den alten Werken fest, findet Zettelchen und unterstrichene Stellen. Auch die Mutter der Signora hatte einst bestimmte Sätze angestrichen. »Zuweilen holte die Signora einen Bleistift und strich eine Stelle an, die ihr wichtig war. Flaschenpost für ihre Kinder. Sie würden sie an Land ziehen aus Großvaters Bibliothek.«[5] Aber nur dann, so möchte man den Faden weiterspinnen, wenn sie selbst noch Bücher in die Hand nehmen, darin blättern, vielleicht darin lesen. So schreibt sich die Geschichte von Menschen fort in den Büchern, die sie vererben und die von ihren Nachkommen wiedergelesen werden. Scheinbar eine Alltagsepisode, in Wirklichkeit aber eine Geschichte aus der großen weiten Welt.

Elf kleine skurrile Eintragungen der Signora finden sich in diesem Buch. Wie der Signore seinen Ehering nicht mehr tragen kann, weil er zu sehr abgenommen hat, und daraufhin die Signora selbst ihren Ehering vom Finger nimmt: »Jetzt sind wir wieder gleich«. Ist das das Glück zu zweit? Dass der eine den anderen nachahmt? Hält eine Beziehung Verschiedenheit nicht aus? Wie immer bei Maja Beutler, kann man sich nicht sicher sein. All ihre Geschichten sind nah am Abgrund angesiedelt. Was wichtiger ist, die Ahnung des Abgrundes oder die Erfahrung von alltäglicher Sicherheit, bleibt im Ungefähren.

Herrlich komisch ist auch eine Episode, in der die Signora im Flugzeug nach Berlin sitzt und glaubt, den Philosophen Walter Benjamin auf einem der nahegelegenen Sitze zu erkennen, obwohl dieser schon lange tot ist. Aus seiner Tasche kramt der Mann Scrabble-Holztäfelchen. Sollte Benjamin dafür überlebt haben? Um jetzt Scrabble zu spielen? Was überhaupt bleibt vom gelebten Leben im Alter? Von dem, was zählte, wofür man kämpfte, was einen nicht ruhen ließ? Hat man all dies getan, gedacht, fantasiert, bloß um im Alter dann Scrabble zu spielen? Ist es die Harmlosigkeit, in die man sich die letzten Lebensjahre flüchtet? Hätte man ebenso gut nicht schon in jüngeren Jahren sterben können? Es hätte Maja Beutler ja durchaus passieren können, wäre der Krebs nicht besiegt worden.

Überhaupt das Leben, wann zählt die Wahrheit, wie oft erträgt man sie, und wann wird gelogen? In einer weiteren Erzählung aus *Schwarzer Schnee* mit dem Titel *Die Lachmöwe* liegt eine Publizistin im Sterben. Ihr Mann besteht darauf, sie zuhause zu pflegen. Es muss eine seltsame Ehe gewesen sein, die die beiden führten, einerseits liebevoll und andererseits lebten beide doch in unterschiedlichen Welten. Leni nannte ihre Katze »Müsli«, was Max ganz scheußlich findet. Und so ist das erste, was Max tut, nachdem seine Frau gestorben ist, der Katze einen neuen Namen zu geben. Er nennt sie von nun an »Shylock«. Leni und Max sind Juden, es gibt im Text Anspielungen auf den Holocaust. Ein geheimnisvolles Leben, eine schillernde Beziehungsgeschichte, die nicht auszudeuten ist. Als hätten die beiden, solange sie gemeinsam lebten, verdrängt, dass sie Juden sind. Eine Ebene des Verschwiegenen war stets mit anwesend, aber nie sichtbar.

Um Beziehungen geht es in Maja Beutlers gesamtem Schaffen: Eheleute, Geschwister, Geliebte, Freunde. Ein großes Projekt hat sie schon lange vor, schiebt es vor sich her, gibt an, sie schrecke immer wieder davor zurück, gebe es aber noch nicht verloren: ihre Familiengeschichte väterlicherseits. Die Eltern ihres Vaters waren aus Italien eingewandert. Eine Geschichte aus dem Umkreis des Italien-Projekts findet sich in dem 2013 erschienenen Band *Ich lebe schon lange heute* und hat den Titel *Unsereins*. Das Kind, das später eine Maja Beutler wurde, hieß Meieli Maroni. In einem Interview vom Dezember 2012 in »Colloquia Germanica« sagt Beutler: »Ich plane seit etwa fünfzehn Jahren, über meine italienische Großmutter zu schreiben. Sie lebte im Halsital, hatte zwei uneheliche Kinder und wurde nie Schweizerin. Ich habe bündelweise Entwürfe und Notizen – aber das Buch ist nicht geschrieben.«[6] Aber ist es so schwer zu verstehen, dass gerade das die größten Schwierigkeiten bereitet: aus der eigenen Lebensgeschichte einen Text zu machen, den man als literarischen akzeptieren könnte? Die allernächste Wirklichkeit ist am schwersten zu gestalten. Je ferner ein Thema ist, desto leichter arbeitet die Fantasie daran. Darf sie auch dann stark sein, sich austoben, wenn es um das eigene Leben geht, um den Alltag, um Beziehungen, in die man selbst verwickelt war? Das alles mögen Fragen sein, die Maja Beutler daran hindern, ernsthaft mit der Arbeit an der Geschichte ihrer italienischen Vorfahren zu beginnen. Denn es sollte ja doch wahr sein, was da dann stünde, wahr, wahrhaftig zumindest und dennoch literarisch. Und so gibt es nichts als massenweise Entwürfe, Notizen, die sie behält, nicht herausgibt, die also nicht einzusehen sind. Ihr Geheimnis.

Früher hat Maja Beutler zu festen Tageszeiten geschrieben, schreiben müssen, denn der Haushalt wartete. Unter anderem. *Schwarzer Schnee* ist anders entstanden. Maja Beutler hat einfach drauflos geschrieben, so wie jetzt auch weiterhin. Wenn ihr danach ist, sie sich kräftig genug fühlt, schreibt sie, verwirft, korrigiert, zerknüllt, hebt auf, ordnet ein. Die »Therapie-Tage« bedeuten Arbeitsunterbrechungen. Und: Maja Beutler ist 2013 noch einmal umgezogen, zum zweiten Mal nach dem Tod ihres Mannes. Sie wohnt nun in einem denkmalgeschützten Haus mit viel Grün, zwei Gärten. Außerdem hat sie als Wohngenossen einen Kater namens Rossini, den sie aus dem

Tierheim geholt hat. Wie als Kind wollte sie wieder eine Katze um sich haben. »Aber die Dichter lieben die Katzen«, so beginnt ein Gedicht von Sarah Kirsch und so geht es auch Maja Beutler. Ihre Freundinnen fänden das alles ziemlich verrückt, aber sie kämen doch gern in diese gemütliche Wohnung, nahe der Tram und doch schön im Grünen.

Für Maja Beutler sind dies glückliche Arbeitsbedingungen. Vielleicht können wir irgendwann doch noch ihre Familiengeschichte lesen.

Friederike Mayröcker (geb. 1924):

Vergittere mit meinen Fingern mein Angesicht, dasz niemand es sehen sollte: seine abgründige Häszlichkeit

Mayröcker ist Mayröcker ist Mayröcker. Egal wie alt sie ist. Distanz: unmöglich. Sie, ihre Worte, ihre Sätze verschlingen jeden, der sich nähert. Ihre niemals endende überbordende poetische Kraft. Sie ist ein Kraftzentrum. Unüberbietbar.

Nach Wien reisen mit Mayröckers Büchern im Gepäck. Lesen, das Buch zuklappen, in der Inneren Stadt spazieren gehen, die Einheimischen sprechen hören und denken: So spricht sie auch. Den Regen nicht scheuen, denn gerade den Regen mag sie, lieber als die Sonne. Verrückt: Da wohnt man in der Großstadt, die laut ist und voller Menschen, grau auch und mit wenig Natur. Da scheint es plausibel, dass es die Sonne ist, die einen rettet. Warum um alles in der Welt scheut jemand das bisschen Großstadt-Sonne? Dazu passen die schwarzen Haare Friederike Mayröckers, die wie ein Vorhang sind, zum Schutz vor allzu neugierigen Blicken. Eine faszinierende Fremde ist sie. Die Annäherung ein Abenteuer mit ungewissem Ausgang.

Friederike Mayröcker, »die Schreibexistenz«, wie Christa Wolf sie nennt, macht auch ihre Alterserfahrungen vor allem schreibend. Seismografisch reagiert sie, heute wie gestern und vorgestern, auf Veränderungen, innen und außen. Radikal sind ihre Sätze. Auf keinen Fall gehört sie zu denen, die im Alter sanftmütig werden. Stattdessen fragt sie sich in spielerischem Ernst, ob sie dement sei.

Im Jahr 2000 stirbt Ernst Jandl, der Geliebte und Lebensmensch, der Dichter. Seither fühlt sich Friederike Mayröcker nur noch in den nächtlichen Träumen von ihm besucht. Aber selbst diese nächtlichen Besuche werden immer seltener. Und so wartet sie «bei Nacht in den Träumen, dasz EJ zu mir spricht.«[1]

Das Älterwerden als solches findet Mayröcker ganz fürchterlich. Da sie im Grunde sehr eitel sei, könne sie es fast nicht ertragen, wie das Äußere sich verändere. Im Übrigen ist sie der Meinung, es sei den Frauen im Unterschied zu den Männern nicht vergönnt, würdig zu altern. Jandl habe im hohen Alter immer wieder Scherze gemacht über sein Aussehen, das sei für eine

Frau unmöglich. Unabhängig von solcherlei Missempfindungen ist sie trotzdem der Überzeugung, erst im Alter ein »wirklicher Mensch« geworden zu sein. Früher sei sie egoistischer gewesen und habe zum Beispiel ihrer Mutter nicht einmal die zusätzliche Besuchsstunde gegönnt, über die sie sich gefreut hätte. Sie begründet ihr Verhalten damit, dass die Sätze im Warteloch saßen, herauswollten, in eine Ordnung gebracht werden mussten. Es sei immer nur das Schreiben gewesen, das zählte. Mit fünfzehn habe es begonnen und bis heute habe sich nichts daran geändert. Aber das Verstehen dessen, was ein Menschenleben ausmache, das sei gewachsen im Lauf der Zeit. Und nun betrachte sie alles nur noch, wie es in *Und ich schüttelte einen Liebling* heißt, aus »geriatrischer Sicht«.

Das bedeutet aber nun nicht, dass Friederike Mayröcker sich ins Altsein fügen könnte, ja gar sich anfreunden würde mit dem immer näher rückenden Tod. Was gäbe sie nicht darum, ihn ausklammern und vergessen zu können. Und so blickt sie einfach nach vorn, wie eine, die gerade erst am Anfang steht. Was war, reicht längst nicht aus, was noch kommen könnte, erhält das Leben in der größtmöglichen Gespanntheit. Mayröcker hat selbst mit 90 Jahren noch viel vor, auch wenn der Tagesablauf in nicht geringem Umfang mitbestimmt wird vom Blutdruckmessgerät. 160 auf 90, das geht noch, da kann man vielleicht noch eine weitere Stunde arbeiten, aber wenn die 200er Marke erreicht wird, heißt es, langsam machen.

Mayröckers Schreiben bezeichnet einen hohen Erregungszustand. »Poetisches Herzklopfen« nennt sie selbst den Prozess, der in die Nähe des Schreibzentrums führt. Genau dort aber wartet auch der Tod und nichts kann ihn vertreiben. Manchmal, nachts, wenn sie den Herzschlag so deutlich wahrnimmt, dass sie nicht schlafen kann, muss sie sich auf die rechte Seite legen. In ihrer tiefen Abneigung dem Tod gegenüber fühlt sich Mayröcker Elias Canetti verwandt. Sie hat verschiedene Namen für den Tod: Eklat, Skandalon, Frivolität, Schmach. In einem Interview in »Profil« vom 25.10.2003 sagt sie: »Es ist eine monströse Vorstellung, sich vom Schreiben verabschieden zu müssen. Das Tot-sein bedeutet eine Abnabelung von dem, was man an Intimität mit sich selbst gehabt hat.« Für die Dichterin ist das Intimste das Schreiben. Am liebsten würde Mayröcker 130 Jahre alt werden. Dann könnte sie noch lange weitermachen mit ihrer Arbeit. Wahrscheinlich hätte sie überhaupt nie genug.

Kurze Zeit, nachdem der Gefährte aus 50 Jahren gestorben ist, schreibt die 76-jährige Mayröcker ihr *Requiem für Ernst Jandl*. Jetzt nicht aufhören, ihn anzusprechen auf gemeinsame Themen. Ihn beschwören, wenigstens aus der Ferne zuzuhören und sich einzumischen. Friederike Mayröcker liebt den Philosophen und Schriftsteller Roland Barthes, vor allem sein Buch *Fragmente einer Sprache der Liebe*. In einem Kapitel, das überschrieben ist mit »Der Abwesende« finden sich Sätze, die den Zustand Mayröckers nach dem Tod Jandls mit großer Wahrscheinlichkeit ziemlich genau treffen: »Die Abwesenheit dauert an, ich muß sie ertragen. Also *manipuliere* ich sie: ich verwandle die Verzerrung der Zeit in ein Hin und Her, bringe Rhythmus hervor, eröffne die Sprachszene ...«[2]

Friederike Mayröcker muss sich üben im Umgang mit der Abwesenheit, mit dem Abwesenden. Nichts ist schwerer, mit dieser Ansicht steht Mayröcker nicht allein. Diese Erfahrung haben andere Dichter und Dichterinnen auch gemacht. Und natürlich kann sie es nur in der ihr eigenen Weise tun, nämlich schreibend, Texte produzierend, besessen, manisch wie immer, seit Jahren, jeden Tag aufs Neue. Der Abwesenheit Raum schaffen im Sprachrhythmus. Die Abwesenheit des Geliebten rhythmisieren. »...jammervoll ist der Tod, erbärmlich ist der Tod, viele Schmählichkeiten sind der Tod, 1 Zerbrecher und Verstörer ist der Tod ...«[3]

Dennoch sind die Spuren zu lesen, die der Abwesende gelegt hat. Man muss nur selbst in der größten Aufmerksamkeit bleiben. Sie ist alles, was die Dichterin noch hat. Was nicht gemeinsam gelebt wurde, lässt sich nicht nachholen. Mayröcker äußert zum Schluss den Wunsch, noch einmal ein paar Jahre zurückgehen zu können, um noch wacher, noch liebevoller, mit aller Zärtlichkeit die gemeinsamen Stunden zu leben. Es ist vorbei. Umso wichtiger ist es, zu arbeiten an der Erinnerung, alles zu bergen, was das Gedächtnis aufbewahrt hat. Täglich, intensiv, in den Stunden, in denen der Blutdruck es zulässt, sich ganz und gar hineinbegeben in diese Arbeit, ohne Abstriche, ohne Ruhepause. Das Herz zum Rasen bringen, es sich ausrasen lassen, bis es zu viel wird. Mayröcker bleibt strenge Beobachterin, nach innen und außen. Sie überfordert sich und ihre Leser, ist eine Überforderungsschriftstellerin. In der Trauer um Ernst Jandl verliert Friederike Mayröcker einen Teil ihres Fremdseins. Man bekommt die Chance, der Person Mayröcker ein wenig näherzukommen. Indem sie zugibt, dass der Verlust eines so nahen Menschen, »eines HAND- und HERZGEFÄHR-TEN«,[4] etwas »ganz und gar Erschütterndes« ist, zeigt sie, dass selbst für eine derart intensive Schreib-existenz die Wirklichkeit, sofern sie sich als eine Kata-strophe erweist, nicht sofort und gänzlich in Literatur aufgehen kann. Ein Rest bleibt, nicht alles kann durch und durch Text werden. Der Text ist nicht das Herz. Die Worte stammeln und himmeln, wie Mayröcker sagt. Sie schreibt auch, dass sie am Grab das Gefühl hatte, den Toten ausgraben zu müssen. Der Verlust der Leib-haftigkeit ist unwiederbringlich. Das Eingehen in den Text-Körper kann die Nähe zum sinnlich erfahrbaren wirklichen Körper nicht wiederherstellen.

Aber selbstverständlich schreibt die Dichterin weiter und immer weiter. »… ich gehe nur zum Arzt um den Versuch zu unternehmen, immer von neuem, aber-mals, meinen zerfetzten Leib so halbwegs zusammen-flicken zu lassen damit ich meine Schreibarbeit weiterführen kann …«[5] Am schönsten ist es, wenn un-erwartete aufregende, aufgeregte Sätze entstehen, Sätze voller Elektrizität. Möglich, dass Mayröcker dann gerade Maria Callas singen hört und in Tränen ausbricht. Und so entstehen weiter Gedichtbände oder Bände mit tagebuchartigen Aufzeichnungen.

Zum Beispiel *Paloma*. Dieses im Jahr 2008 veröf-fentlichte Buch besteht aus Notizen, die an den »lieben Freund« gerichtet sind. Da wird wohl Jandl gemeint sein, aber auch als Leser fühlt man sich angesprochen. Wer weiß. Die Aufzeichnungen beginnen am 3.5. 2006 und enden am 5.4.2007, da ist Mayröcker 81 bzw. 83 Jahre alt. Es gehe ihr gut, heißt es darin, sie schreibe fast nur noch Gedichte. Und macht weiter mit den Aufzeichnungen. Man kann ihr nichts glauben, auch im Alter nicht. Eine Schwindlerin ist sie. Eine Dichterin durch und durch. Darum ist es auch so schwer und eigentlich nicht erlaubt, sie zu paraphrasieren. Man zerreißt die Konstellationen, in denen ihre Sätze, die Worte stehen. Am besten sollte ein Mayröcker-Porträt nur aus Zitaten bestehen: »Wieder flanieren wieder spazieren wieder murmeln und hinstreuen, inzwischen ist Mai und Frühling, musz nachdenken, über das Schreiben.«[6]

Wenn nicht genau zitiert wird, stimmt es womöglich nicht mehr mit den Satzzeichen, den Kommata vor allem, die sie immer wieder nicht setzt, wo man sie erwarten würde, bei einer Aufzählung zum Beispiel. Da fehlt dann die Pause, da fließt eins ins andere. Kein Atemholen dazwischen.

Und auch die Mayröcker-Rechtschreibung ist eine ganz besondere: »... auf einmal wird unter meinen Händen alles lebendig, es tummelt sich alles, ich habe heute die ganze Nacht von IHM geträumt, die ganze Nacht mit IHM unterwegs ...«[7] Mit wem? Mit dem, den sie immer wieder anspricht und der einst lebte und nun tot ist, aber offensichtlich noch immer die Ohren weit offen hat und stark genug ist, die geliebte Dichterin zu begleiten auf ihren nächtlichen Spaziergängen. Da ist nichts übertragbar in ein anderes Sprechen. Dass diese Dichterin bis ins hohe Alter so sehr bei sich bleibt, keinerlei Ablenkung zulässt, keine Ausweichmanöver unternimmt, keine Ausflüge ins Prosaische, Weitschweifige, Daherplaudern, wie es typisch ist für viele ältere Menschen. Mayröckers Schweifen ist anders, hochpoetisch und in seiner Atemlosigkeit doch ganz gefasst: »bin den ganzen Tag am Lauschen: Worte, Wortbilder, Sätze, so dasz ich mich mit nichts intensiv beschäftigen kann, fliege immer wieder auf und nieder, hierhin und dorthin.«[8] Mayröcker hört wie früher auch viel Musik: Mahler, Bach vor allem, aber auch ganz neue Musik, zum Beispiel von Olga Neuwirth. Kein Wunder, denn die 1968 geborene österreichische Komponistin sagt über ihre Arbeit, es gehe ihr unter anderem um die »Unbeirrbarkeit des Tuns«. Ein Satz, der auch von Mayröcker stammen könnte.

Mayröcker schreibt nicht nur, sie liest auch sehr viel: Charles Dickens, Max Frisch, Peter Handke, Nathalie Sarraute. Nicht allein Miniaturtexte, sondern richtig dicke Romane. Ihre Bücher kauft sie bei Reinhold Posch in der Buchhandlung Posch: »Wenn ich zu ihm komme (Reinhold P.) verwandle ich mich in die versponnene (schreibende) Person die ich früher, vor vielen Jahren, gewesen war, was einer Verjüngung gleichkommt …«[9]

Auch jetzt wieder spielt das Thema Alter und ein Nachlassen der Kräfte eine Rolle: » … meine alte aufgelassene Wohnung, ein Gleichnis: sie war einmal, vor vielen Jahren eine verzauberte Werkstatt, wo eine kämpferische Stimmung herrschte, wo fotografiert wurde: jetzt aber ist sie entzaubert, verstaubt, ja, verdreckt, und ich scheue mich sie zu betreten, ich ängstige mich abends sie aufzusuchen: nur noch ein häszliches Loch, verwildert, vergreist, seelenlos, hinfällig wie ich selbst usw.«[10] Mit zunehmendem Alter scheint der Zauber erloschen, der auf ihr selbst und ihrer Schreib-Umgebung lag, doch in seltenen Momenten wie beim Buchhandlungsbesuch erfährt sie an eine Art Verjüngung, aber es sind nur Augenblicke.

Dann beschwört Mayröcker in *Paloma* das Gesicht einer 96-jährigen Frau, die aussehe wie eine Totenmaske von Anton Bruckner. Und stellt sich ihr eigenes bald totes Gesicht vor. Schweben bleibt ein Daseinsgrund. Wer schafft es außer Mayröcker, in fünf Büchern gleichzeitig zu lesen? Vorstellbar ist es schon, dass eine, die schreibt wie Friederike Mayröcker, auch gleichzeitig in fünf Texten anderer Schriftsteller herumschwebt, auf und nieder, dahin und dorthin, »gehe noch nicht am Stab, habe früher in einem Meer aus Sprache gelebt, habe früher kristalline Sätze geschrieben, sitzt man einem schönen jungen Menschen gegenüber, kann es geschehen, dasz man sich mit ihm mit seiner Jugend und Schönheit so sehr identifiziert, dasz man sich selber jung und schön fühlt.«[11] Aber Mayröcker schreibt noch immer kristalline Sätze und ihre Leser erleben hautnah, wie es ist, in einem Meer aus Sprache zu leben: »wenn wir durch die Stadt flanieren, Hand in Hand, dann umgibt mich das Feuer: das sanfte Feuer: die sanfte Glut des inbrünstigen Schreiben Wollens, die süsze Drangsal des Schreiben Wollens, so dasz ich sogleich nach Haus und zum Tischchen …«[12] Und dreißig Seiten weiter heißt es: »man entblöszt sich wenn man schreibt, die Entblöszung ist eine Lust, man empfindet keine Scham, aber ich könnte nicht aussprechen, was ich schreibe, ich könnte nicht darüber sprechen …«[13] All das, was Mayröcker schreibt, überträgt sich unmittelbar auf ihre Leser: Sie können nicht sprechen über das, was sie gelesen haben, sie können es nicht aussprechen. Und so besteht eine geheime Verbindung zwischen den Lesern und der Dichterin, eine stille Übereinkunft, es nicht zu wagen, auszusprechen, was nicht auszusprechen ist. Die anderen, die etwas darüber wissen wollen, was diese Dichterin schreibt, müssen selbst lesen. Einen anderen Rat gibt es nicht. Sich dem Strom aus Beobachtungen, Erfahrungen, Bildern, Sätzen, Worten überlassen.

In den Jahren nach 2008 wird das Alter noch präsenter im Werk Friederike Mayröckers. 2013 erscheint *études*, Aufzeichnungen vom 22.12.2010 bis 3.12. 2012. Eine große Zurückgezogenheit spricht aus diesen Texten. Die Welt draußen ist weit weg, nah ist lediglich die nächste Umgebung, das Zimmer, der eigene Körper. »ach mein Herz dieser Donnerkasten ach mein Herz dieser Folterknecht.«[14] Diese Sprache, die Gedanken und der Erinnerungsfluss machen es den Lesern zusehends schwer. Es gelingt nicht mehr so leicht mitzuschwimmen, mitzuschweben. Als wolle die Dichterin endlich allein gelassen werden mit ihrer Arbeit. Noch einmal vergewissert sie sich, welchen Schatz an Musik und Literatur, Philosophie, aus Gelesenem und Gehörtem sie sich im Lauf ihres Lebens einverleibt hat: Derrida, Monteverdi, Elke Erb, Debussy, Sloterdijk. Jeder Name eine Welt.

Die Natur kommt zu Friederike Mayröcker ins Zimmer, tritt herein in ihre Träume. Die Dichterin versammelt ihr Leben in und um sich – und es versammelt sich gern, ganz nah. »... das Krügelglas mit den schwarzen Filzstiften neben dem Bett, sage ich, manchmal so dasz ich tauche mit der SPITZE meines Gesichts in die Fliesen des Abtritts dort einschlief/einschlafe, sage ich, nächtens, in meinem zerrissenen Alter in meiner Verletzung während die Hand meine fremde Hand, damals, durch die Heckenzäune eines fremden Gartens hindurchlangte ...«[15] Nein, da spricht keine Alte in ihrem Delirium, die nicht mehr ganz bei Sinnen ist. Diese Endachtzigerin ist voll und ganz Herrin ihres Verstandes – in einer Art Delirium lebte sie schon immer, in ihrem Schreibdelirium.

Irgendwann hat sogar der Tod seinen Schrecken verloren, ist zum »Tödlein« geworden, mit dem Mayröcker spielt. Die Ebenen und Bereiche greifen ineinander, drüben ist nicht mehr durch einen Graben vom hüben getrennt. Mayröcker wehrt sich nicht mehr mit aller Macht gegen ihren lebenslangen Feind Nummer eins, den Tod: »in Dickicht und Distelhain träumte mir die Madonna mit dem Blumen Fächer nämlich als ich die Augen aufschlug an diesem Morgen.«[16] Immer wieder finden sich jedoch weiterhin Erinnerungen an den Gefährten und Geliebten Ernst Jandl in diesen *études*, Erinnerungen an Umarmungen, Küsse, Gespräche, Spaziergänge, Reisen.

Wenn man nach einem Wort suchen sollte, das am besten ausdrücken könnte, welche Empfindungen in diesen Aufzeichnungen vorherrschen, so ist es das Wort »Inbrunst«, Mayröcker würde wahrscheinlich INBRUNST schreiben. Die Dichterin notiert in den *études* Sätze, Zeilen, Absätze voller Inbrunst. Das Zentrum des Schreibens bleibt das Schreiben. Das Zentrum des Lebens bleibt Tag für Tag die Schreibarbeit, bleiben Stift und Zettel: »nur noch das: nach dem Abschied vom ungeliebten Schuldienst, damals, 69, nur noch das: diese Sprache: dieser Umgang mit meiner geliebten deutschen Sprache, welche einzig HEIMAT weiszt du, ans Herz gedrückt bis ans Ende, ach einzig diese betörende Umhalsung mit meiner Sprache welche HEIMAT: tränenreiche, welche Inbild Raserei, welche Schreibtäfelchen, Kodex«[17]

So direkt hat Mayröcker es nie gesagt. Keine Angst vor dem Pathos hat sie, keine Scheu vor dem Gefühlsausbruch. Wenn nicht einmal Zeit bleibt zum Frühstücken, weil der Stift auf der Stelle gezückt werden will, die Ideen nur so herumflattern, ein Wortgebrause herrscht. Da ist sie bereits mit einem Wort auf den Lippen aufgewacht und Nachbarworte haben sich sogleich eingestellt, ein endloses Geschnatter.

Im Dezember 2014 ist Friederike Mayröcker 90 Jahre alt geworden.

Es ist anzunehmen, dass es nicht anders weitergehen wird mit Friederike Mayröckers Leben und Arbeiten als bisher. Sie wird die letzte Zeit ihres Lebens mit dem Wortefangen zubringen. Da kann das Tödchen drohen, wie es will. Es gibt noch viel zu tun, zu beobachten, zu erforschen, zu kritzeln. Mayröcker wird sich weiterhin freuen über jeden Regentag.

Resümee

Was verbindet die in diesem Buch porträtierten Schriftstellerinnen in der dritten Lebensphase? So unterschiedlich sie schreiben, so verschieden ihre Werke und Biografien auch sind, sind sie doch verbunden durch ihre nie nachlassende Energie. Egal, ob sie jenseits der sechzig den Tag mit einem Glas Whisky beginnen, ihr Blutdruckmessgerät mit sich herumtragen, sich am Nachmittag ins Dunkel des Kinos verkriechen, die Sonne scheuen und den Regen lieben, allein ein Haus am Deich bewohnen, andere Menschen erschrecken mit dem knurrenden Furor ihrer Misanthropie, nie mehr ein Fenster putzen und dem Mann kein Essen mehr servieren: Jede lebt auf ihre Weise die Möglichkeiten eines Alters voller Fantasie aus.

Mit der Tatsache des Älterwerdens gehen sie unterschiedlich um, doch keine der Autorinnen wird sentimental, keine lamentiert. Auffallend ist vor allem die überwältigende Fähigkeit der Schriftstellerinnen, sich auf die Arbeit zu konzentrieren, Widrigkeiten aus dem Weg zu räumen und neue Möglichkeiten der Entfaltung zu schaffen. Die schriftstellerische Arbeit stand und steht im Zentrum ihres Lebens. Das wird vor allem im Alter ganz deutlich. Nirgendwo regt sich die Sehnsucht nach irgendeiner Form von »Ruhestand«. Und wenn sie mit ihren körperlichen Kräften stark haushalten müssen, nutzen sie jede Stunde, in denen der Körper mitspielt, zum Schreiben. Geht es darum, weiterhin allein in einer Wohnung zu bleiben oder in ein

Seniorenheim zu gehen, dann richtet sich die Entscheidung danach, wo am besten gearbeitet werden kann, wo weiterhin Inspiration möglich ist. Alle Kräfte werden auf das Wesentliche konzentriert: auf das Schreiben.

Bei vielen der Schriftstellerinnen lassen sich Zeichen leisen oder lauten Aufruhrs feststellen. Die einen gehen davon aus, dass Künstlerinnen alterslos sind und ignorieren das Alter wie Else Lasker-Schüler. Andere sind der Meinung, dem Alter vor allem durch Humor begegnen zu können wie Gerlind Reinshagen oder Kerstin Ekman, deren Werke in der dritten Lebensphase eine ganz neue ironische Seite bekommen. Fast alle Schriftstellerinnen gehen schonungslos mit sich und ihrem äußeren Erscheinungsbild um. Simone de Beauvoir hält sich schon mit vierzig für alt und hässlich. Friederike Mayröcker findet das Alter geradezu skandalös und konstatiert eine wachsende Hässlichkeit ihres Gesichts. Mit ihrer selbstkritischen Haltung schockieren sie in einer Zeit, in der es vor allem angesagt ist, schön zu sein um jeden Preis, sportlich und fit. Gerade die Schonungslosigkeit ihres Blicks, ihr ganz und gar uneitles Auftreten macht jedoch die besondere Stärke dieser Schriftstellerinnen aus und unterscheidet sie von so einigen ihrer männlichen Kollegen, die im hohen Alter eine erstaunliche Eitelkeit an den Tag legen.

Ein verbindendes Merkmal in Bezug auf die Öffentlichkeit ist die Zurückgezogenheit vieler der hier porträtierten Schriftstellerinnen. Sie leben und arbeiten abseits vom Rummel, brauchen das Bad in der Menge nicht und müssen nicht zu allem ihre Meinung öffentlich kundtun. Sie haben das nie getan und es ist mehr als wahrscheinlich, dass sie gerade deshalb unbeeindruckt vom »Betrieb« ihre literarischen Möglichkeiten frei entwickeln und ausleben konnten. Sie haben sich früher nicht »verheizen« lassen, warum sollten sie es nun im Alter tun?

Sie sind im Alter auf der Höhe ihrer Kunst angekommen. Ilse Aichinger ist in den Werken, die jenseits ihres sechzigsten Lebensjahres erschienen sind, fantasievoller und präziser denn je. Marieluise Fleißers Schreiben hat sich aller Hemmnisse entledigt. Djuna Barnes ist sich selbst in ihrer schonungslosen Härte treu geblieben. Patricia Highsmith erweitert den Kosmos ihrer Kriminalromane durch den Aspekt der Sehnsucht nach Harmonie. Else Lasker-Schüler erfindet wie in der Jugend ihre Geliebten und ihre Heimat. Christa Wolf ist bis zu ihrem Tod eine kritische Beobachterin des Zeitgeschehens. Und Sarah Kirsch ist ein Beispiel dafür, wie man mitten in der Natur leben kann und doch überhaupt nicht weltfremd ist. Friederike Mayröcker hingegen igelt sich mitten in der Großstadt ein, als lebte sie in einer Art Baumhaus. Bei Marie Luise Kaschnitz bleibt der Abschied von ihrem Mann im gesamten Alterswerk präsent. Gerlind Reinshagen lotet die verschiedenen Facetten des Alterns aus. Bei Maria Beig stehen alle Zeichen auf Anfang. Maja Beutler hat weiterhin die Absurditäten familiärer Verhältnisse im Blick. Alice Munro vervollkommnet ihren früh gefundenen Ton, während Kerstin Ekman einen ganz neuen Klang in ihr Schreiben bringt.

Weitsichtig, scharf, fantasievoll, erfinderisch, resistent gegenüber kurzlebigen Moden und dennoch auf der Höhe der Zeit. Leiser als manch männlicher Kollege, stattdessen hörbarer und sichtbarer nicht nur für heutige, sondern auch für zukünftige Leserinnen und Leser. Die Schriftstellerinnen in der dritten Lebensphase haben sich permanent und konsequent weiterentwickelt, haben neue Facetten entdeckt und ihre Horizonte erweitert – und bleiben sich treu.

Anmerkungen

Else Lasker-Schüler

1 Else Lasker-Schüler, *Die Gedichte*, Frankfurt am Main 1997, S. 335
2 Ebd. S. 347
3 Else Lasker-Schüler, *Prosa und Schauspiele*, München 1962, S. 793
4 Else Lasker-Schüler, *Die Gedichte*, a.a.O., S. 331
5 Ebd., S. 361

Djuna Barnes

1 Djuna Barnes, *Antiphon*, Frankfurt am Main 1979, S. 151
2 Ebd., S. 152
3 Andrew Field, *Djuna Barnes*, Frankfurt am Main 1992, S. 322
4 Djuna Barnes, *Antiphon*, a.a.O., S. 147
5 Ebd., S. 331
6 Kyra Stromberg, *Djuna Barnes*, Frankfurt am Main 1992, S. 145
7 Ebd., S. 150
8 Andrew Field, a.a.O., S. 354

Marieluise Fleißer

1 Günther Rühle, *Materialien zum Leben und Schreiben der Marieluise Fleißer*, Frankfurt am Main 1973, S. 77
2 Ebd., S. 94
3 Ebd., S. 342
4 Marieluise Fleißer, *Aus dem Nachlaß*, Frankfurt am Main 1994, S. 510
5 Ebd.
6 Ebd. S. 513
7 Marieluise Fleißer, *Erzählungen*, Frankfurt am Main 1994, S. 117
8 Ebd., S. 137
9 Ebd., S. 146f.
10 *Theater heute* 8/9 August/Sept.2001, S. 89
11 Ebd., S. 100
12 Ebd.
13 Marieluise Fleißer, *Aus dem Nachlaß*, a.a.O., S. 444
14 Marieluise Fleißer, *Erzählungen*, a.a.O., S. 324
15 Ebd., S. 333

16 Hiltrud Häntzschel, *Marieluise Fleißer*, Frankfurt am Main 2007, S. 352
17 Marieluise Fleißer, *Aus dem Nachlaß*, a.a.O., S. 522
18 Marieluise Fleißer, *Erzählungen*, a.a.O., S. 309

Marie Luise Kaschnitz

1 Marie Luise Kaschnitz, *Dein Schweigen meine Stimme*, Hamburg 1970, S. 20
2 Marie Luise Kaschnitz, *Wohin denn ich*, Frankfurt am Main 1986, S. 96
3 Ebd
4 Marie Luise Kaschnitz, *Dein Schweigen meine Stimme*, a.a.O., S. 30
5 Marie Luise Kaschnitz, *Lange Schatten*, München 1964, S. 88f.
6 Ebd., S. 96
7 Ebd., S. 104
8 Marie Luise Kaschnitz, *Wohin denn ich*, a.a.O., S. 131
9 Ebd., S. 157
10 Marie Luise Kaschnitz, *Beschreibung eines Dorfes*, Frankfurt am Main 1971, S. 7
11 Ebd., S. 51
12 Marie Luise Kaschnitz, *Das dicke Kind und andere Erzählungen*, Frankfurt am Main 2002, S. 142
13 Marie Luise Kaschnitz in: Dagmar von Gersdorff, *Marie Luise Kaschnitz*, Frankfurt am Main 1997, S. 316
14 Marie Luise Kaschnitz, *Orte*, Frankfurt am Main 1991, S. 9
15 Ebd., S. 313
16 Ebd., S. 236
17 Marie Luise Kaschnitz in: Dagmar von Gersdorff, a.a.O., S. 330

Simone de Beauvoir

1 Simone de Beauvoir, *Der Lauf der Dinge*, Reinbek 1998, S. 432
2 Ebd., S. 621
3 Ebd., S. 616
4 Simone de Beauvoir, *Alles in allem*, Reinbek 1986, S. 49
5 Simone de Beauvoir, *Das Alter*, Reinbek 1977, S. 240
6 Simone de Beauvoir, *Alles in allem*, a.a.O., S. 72
7 Ebd., S. 144
8 Alice Schwarzer, *Simone de Beauvoir*, Reinbek 1986, S. 111

Patricia Highsmith

1 Franz Cavigelli und Fritz Senn (Hrsg.), *Über Patricia Highsmith*, Zürich 1980, S. 152
2 Patricia Highsmith, *Ripley Under Water*, Zürich 2006, S. 277
3 Ebd., S. 282
4 Andrew Wilson, *Schöner Schatten*, Berlin 2005, S. 535
5 Patricia Highsmith, *Geschichten von natürlichen und unnatürlichen Katastrophen*, Zürich 2012, S. 28
6 Ebd., S. 224
7 Ebd., S. 248

Christa Wolf

1 Günter Gaus, *Zur Person, Bd. 1*, Berlin 1998
2 Christa Wolf, *Ein Tag im Jahr 1960–2000*, Frankfurt am Main 2013, S. 562
3 Ebd., S. 587
4 Christa Wolf, *Medea. Stimmen*, Frankfurt am Main 2013, S. 106
5 Christa Wolf, *Auf dem Weg nach Tabou*, Köln 1994, S. 35
6 Christa Wolf, *Stadt der Engel*, Berlin 2010, S. 290
7 Ebd., S. 301
8 *Der Spiegel* 24/2010
9 Christa Wolf, *Rede, daß ich dich sehe*, Berlin 2012, S. 19
10 Ebd., S. 29
11 Christa Wolf, *Ein Tag im Jahr im neuen Jahrhundert 2001–2011*, Berlin 2013, S. 143
12 Christa Wolf, *August*, Berlin 2012, S. 38f.

Sarah Kirsch

1 Sarah Kirsch, *Sommerhütchen*, Göttingen 2008, S. 42
2 Sarah Kirsch, *Krähengeschwätz*, München 2010, S. 128
3 Sarah Kirsch, *Peter Huchel Preis, Ein Jahrbuch*, Baden-Baden und Zürich 1995, S. 38
4 Ebd., S. 56
5 *Die Zeit* 16/2005
6 Sarah Kirsch, *Juninovember*, München 2014, S. 21
7 Ebd., S. 40
8 Ebd., S. 49
9 Ebd., S. 64
10 Ebd., S. 83

11 Ebd., S. 94
12 Ebd., S. 118
13 Ebd., S. 128
14 Ebd., S. 149
15 Ebd., S. 190
16 Sarah Kirsch, *Rückenwind*, Ebenhausen bei München 1977,
S. 27

Maria Beig

1 Maria Beig, *Ein Lebensweg*, Tübingen 2012, S. 118
2 Ebd., S. 123
3 Maria Beig, *Rabenkrächzen*, Frankfurt am Main 1983, S. 7
4 Ebd., S. 25
5 Maria Beig, *Hochzeitslose*, Frankfurt am Main 1985, S. 65
6 Maria Beig, *Ein Lebensweg*, a.a.O., S. 126
7 Maria Beig, *Hermine*, Frankfurt am Main 1986, S. 113
8 Maria Beig, *Ein Lebensweg*, a.a.O., S. 131
9 Maria Beig, *Hochzeitslose*, a.a.O., S. 63
10 Peter Blickle und Hubert Klöpfer (Hrsg.), *Maria Beig zu ehren*,
Tübingen 2010, S. 69
11 Ebd., S. 73
12 Gustave Flaubert, *Briefe*, Zürich 1977, S. 303
13 Maria Beig, *Ein Lebensweg*, a.a.O., S. 154

Gerlind Reinshagen

1 Gerlind Reinshagen, *Nachts*, Berlin 2011, S. 7
2 Gerlind Reinshagen, *Die Frau und die Stadt,* Frankfurt am Main
2007, S. 13
3 Gerlind Reinshagen, *Vom Feuer*, Frankfurt am Main 2006, S. 15
4 Ebd., S. 138
5 Helga Kraft und Therese Hörnigk (Hrsg.), *Eine Welt aus Sprache*,
Berlin 2007, S. 39
6 Gerlind Reinshagen, *Die grüne Tür*, Frankfurt am Main 1999, S.
60
7 Ebd., S. 285
8 Gerlind Reinshagen, *Abbruch des alten Theatergesteins*, in: Barbara Engelhardt/Therese Hörnigk/Bettina Masuch (Hrsg.), *Frauentheater*, Berlin 2001, S. 113

Kerstin Ekman

1 Kerstin Ekman, *Am schwarzen Wasser*, München 2002, S. 91
2 Ebd., S. 407
3 Kerstin Ekman, *Der Wald*, München 2008, S. 518
4 Kerstin Ekman, *Tagebuch eines Mörders*, München 2012, S. 85f.
5 Ebd., S. 115
6 Kerstin Ekman, *Geschehnisse am Wasser*, München 2011, S. 17
7 Kerstin Ekman, *Schwindlerinnen*, München 2012, S. 52
8 Ebd., S. 74
9 Ebd., S. 169
10 Ebd., S. 293
11 Ebd., S. 308
12 Ebd., S. 367

Ilse Aichinger

1 Ilse Aichinger, *Es muss gar nichts bleiben, Interviews 1952-2005*, Wien 2011, S. 194
2 Ilse Aichinger, *Film und Verhängnis*, Frankfurt am Main 2001, S. 70
3 Ebd., S. 71
4 Ebd., S. 105
5 Ilse Aichinger, *Es muss gar nichts bleiben*, a.a.O., S. 177
6 Ilse Aichinger, *Unglaubwürdige Reisen*, Frankfurt am Main 2007, S. 15
7 Ebd., S. 59
8 Ebd., S. 89
9 Ebd., S. 107
10 Ebd., S. 130
11 Ebd., S. 135
12 Ilse Aichinger, *Kleist, Moos, Fasane*, Frankfurt am Main 1997, S. 83
13 Ilse Aichinger, *Es muss gar nichts bleiben*, a.a.O., S. 228
14 Ebd., S. 218
15 Ilse Aichinger, *Kleist, Moos, Fasane*, a.a.O., S. 91
16 Ebd., S. 47

Alice Munro

1 *Die Zeit* 13/2006
2 Ebd.
3 Alice Munro, *Liebes Leben*, Frankfurt am Main 2013, S. 348
4 Alice Munro, *Wozu wollen Sie das wissen?*, Frankfurt am Main 2013, S. 10
5 Ebd., S. 187
6 Ebd., S. 10
7 Ebd., S. 232
8 Ebd., S. 233
9 Ebd., S. 251
10 Ebd., S. 349
11 Alice Munro, *Himmel und Hölle*, Frankfurt am Main 2008, S. 104
12 Alice Munro, *Liebes Leben*, a.a.O., S. 367
13 Alice Munro, *Zu viel Glück*, Frankfurt am Main 2013, S. 63
14 Ebd., S. 65
15 Ebd., S. 223
16 Alice Munro, *Liebes Leben*, a.a.O., S. 219
17 Ebd., S. 203
18 Ebd., S. 209

Maja Beutler

1 Maja Beutler, Homepage www.majabeutler.ch
2 Maja Beutler, *Ich lebe schon lange heute*, Oberhofen 2013, S. 158
3 Maja Beutler, Homepage
4 Maja Beutler, *Schwarzer Schnee*, Oberhofen 2009, S. 32
5 Ebd., S. 73
6 Maja Beutler, *Ich lebe schon lange heute*, a.a.O., S. 389

Friederike Mayröcker

1 Friederike Mayröcker, *Und ich schüttelte einen Liebling*, Frankfurt am Main 2006, S. 17
2 Roland Barthes, *Fragmente einer Sprache der Liebe*, Frankfurt am Main 2012, S. 30
3 Friederike Mayröcker, *Requiem für Ernst Jandl*, Frankfurt am Main 2001, S. 10
4 Ebd., S. 12

5 Friederike Mayröcker, *Und ich schüttelte einen Liebling*, a.a.O., S. 65

6 Friederike Mayröcker, *Paloma*, Frankfurt am Main 2008, S. 24

7 Ebd., S. 19

8 Ebd., S. 42

9 Ebd., S. 69

10 Ebd.

11 Ebd., S. 103

12 Ebd., S. 132

13 Ebd., S. 163

14 Friederike Mayröcker, *études*, Berlin 2013, S. 16

15 Ebd., S. 63

16 Ebd., S. 85

17 Ebd., S. 181

Ausgewählte Literatur

Ilse Aichinger

Es muss gar nichts bleiben. Interviews 1952–2005,
  Wien 2011
Film und Verhängnis, Frankfurt am Main 2001
Kleist, Moos, Fasane, Frankfurt am Main 1997
Subtexte, Wien 2006
Unglaubwürdige Reisen, Frankfurt am Main 2007
Samuel Moser (Hrsg.), *Ilse Aichinger. Materialien zu
  Leben und Werk*, Frankfurt am Main 2003

Djuna Barnes

Antiphon, Deutsch von Christine Koschel und Inge von
  Weidenbaum, Frankfurt am Main 1979
Nachtgewächs, Deutsch von Wolfgang Hildesheimer,
  Frankfurt am Main 1985
Paris, Joyce, Paris, Deutsch von Karin Kersten, Frank-
  furt am Main 1988
Ryder, Deutsch von Henriette Beese, Frankfurt am
  Main 1989
Saturnalien, Deutsch von Karin Kersten, Frankfurt am
  Main 1992
Andrew Field, *Djuna Barnes. Eine Biographie*, Deutsch
  von Ingrid von Rosenberg, Frankfurt am Main 1992
Kyra Stromberg, *Djuna Barnes. Leben und Werk einer
  Extravaganten*, Frankfurt am Main 1992

Simone de Beauvoir

Alles in allem, Deutsch von Eva Rechel-Mertens, Reinbek 1968

Das Alter, Deutsch von Anjuta Aigner-Dünnwald, Reinbek 1977

Das andere Geschlecht, Deutsch von Uli Aumüller und Grete Osterwald, Reinbek 1992

Der Lauf der Dinge, Deutsch von Paul Baudisch, Reinbek 1966

Die Mandarins von Paris, Deutsch von Ruth Ücker-Lutz, Reinbek 1955

Die Welt der schönen Bilder, Deutsch von Hermann Stiehl, Reinbek 1968

Die Zeremonie des Abschieds, Deutsch von Uli Aumüller und Eva Moldenhauer, Reinbek 1983

Ein sanfter Tod, Deutsch von Paul Mayer, Reinbek 1965

Eine gebrochene Frau, Deutsch von Ulla Hengst, Reinbek 1968

Marcelle, Chantal, Lisa ... Ein Roman in Erzählungen, Deutsch von Uli Aumüller, Reinbek 1981

Memoiren einer Tochter aus gutem Hause, Deutsch von Eva Rechel-Mertens, Reinbek 1960

Soll man de Sade verbrennen? Drei Essays zur Moral des Existentialismus. Deutsch von Alfred Zeller, Reinbek 1983

Ingeborg Gleichauf, *Sein wie keine andere. Simone de Beauvoir: Schriftstellerin und Philosophin*, München 2007

Alice Schwarzer, *Simone de Beauvoir heute*, Reinbek 1986

Alice Schwarzer, *Simone de Beauvoir. Rebellin und Wegbereiterin*, Köln 1999

Inga Westerteicher, *Das Paris der Simone de Beauvoir*, Dortmund 1999

Maria Beig

Ein Lebensweg, Tübingen 2012
Hermine, Frankfurt am Main 1986
Hochzeitslose, Frankfurt am Main 1985
Rabenkrächzen, Frankfurt am Main 1983
Peter Blickle und Hubert Klöpfer (Hrsg.), *Maria Beig zu ehren*, Tübingen 2010

Maja Beutler

Die Stunde da wir fliegen lernen, Zürich 1994
Die Wortfalle, Zürich 1990
Fuß fassen, Oberhofen 1989
Ich lebe schon lange heute, Oberhofen 2013
Schwarzer Schnee, Oberhofen 2009

Kerstin Ekman

Am schwarzen Wasser, Deutsch von Hedwig M. Binder, München 2002
Das Engelhaus, Deutsch von Hedwig M. Binder, München 1998
Der Wald, Deutsch von Hedwig M. Binder, München 2008
Geschehnisse am Wasser, Deutsch von Hedwig M. Binder, München 2011
Hexenringe, Deutsch von Hedwig M. Binder, München 1988
Schwindlerinnen, Deutsch von Hedwig M. Binder, München 2012
Springquelle, Deutsch von Hedwig M. Binder, München 1996

Stadt aus Licht, Deutsch von Hedwig M. Binder, München 1998

Tagebuch eines Mörders, Deutsch von Hedwig M. Binder, München 2012

Marieluise Fleißer

Aus dem Nachlaß, Frankfurt am Main 1994

Ein Pfund Orangen und neun andere Geschichten, Frankfurt am Main 1979

Erzählungen, Frankfurt am Main 1994

Ingolstädter Stücke, Frankfurt am Main 2007

Hiltrud Häntzschel, *Marieluise Fleißer. Eine Biographie*, Frankfurt am Main 2007

Günther Rühle, *Materialien zum Leben und Schreiben der Marieluise Fleißer*. Frankfurt am Main 1973.

Patricia Highsmith

Der Junge, der Ripley folgte, Deutsch von Matthias Jendis, Zürich 2006

Der Schneckenforscher, Deutsch von Dirk van Gunsteren, Zürich 2005

Der talentierte Mr. Ripley, Deutsch von Matthias Jendis, Zürich 2012

Die zwei Gesichter des Januars, Deutsch von Werner Richter, Zürich 2005

Elsie's Lebenslust, Deutsch von Dirk van Gunsteren, Zürich 2006

Geschichten von natürlichen und unnatürlichen Katastrophen, Deutsch von Matthias Jendis, Zürich 2012

Ripley Under Ground, Deutsch von Melanie Walz, Zürich 2003

Ripley Under Water, Deutsch von Matthias Jendis, Zürich 2006
Ripley's Game, Deutsch von Matthias Jendis, Zürich 2004
Small g, Deutsch von Matthias Jendis, Zürich 2007
Franz Cavigelli (Hrsg.), *Über Patricia Highsmith*, Zürich 1980
Joan Schenkar, *Die talentierte Mrs. Highsmith*, Deutsch von Renate Orth-Guttmann, Karin Betz und Anna-Nina Kroll, Zürich 2015
Andrew Wilson, *Schöner Schatten. Das Leben von Patricia Highsmith*, Deutsch von Annette Grube und Susanne Röckel, Berlin 2005

Marie Luise Kaschnitz

Dein Schweigen meine Stimme, Hamburg 1970
Wohin denn ich, Frankfurt am Main 1986
Lange Schatten, München 1964
Beschreibung eines Dorfes, Frankfurt am Main 1971
Das dicke Kind und andere Erzählungen, Frankfurt am Main 2002
Orte, Frankfurt am Main 1991
Ferngespräche, Frankfurt am Main 1966
Dagmar von Gersdorff, *Marie Luise Kaschnitz. Eine Biographie*, Frankfurt am Main 1997

Sarah Kirsch

Juninovember, München 2014
Krähengeschwätz, München 2010
Regenkatze, München 2009

Rückenwind, München 1977
Sämtliche Gedichte, München 2005
Sommerhütchen, Göttingen 2008

Else Lasker-Schüler

Die Gedichte, Frankfurt am Main 1997
Prosa und Schauspiele, Gesammelte Werke in drei Bänden, Hrsg.: Friedhelm Kemp, 2. Band, München 1962
Sämtliche Gedichte, Frankfurt am Main 2004
Sigrid Bauschinger, *Else Lasker-Schüler. Biographie,* Frankfurt am Main 2006

Friederike Mayröcker

brütt oder Die seufzenden Gärten, Berlin 2014
Cahier, Berlin 2014
études, Berlin 2013
ich bin in der Anstalt, Frankfurt am Main 2010
Paloma, Frankfurt am Main 2008
Requiem für Ernst Jandl, Frankfurt am Main 2001
Und ich schüttelte einen Liebling, Frankfurt am Main 2006

Alice Munro

Glaubst du, es war Liebe?, Deutsch von Karen Nölle, Frankfurt am Main 2014
Himmel und Hölle, Deutsch von Heidi Zerning, Frankfurt am Main 2008

Liebes Leben, Deutsch von Heidi Zerning, Frankfurt am Main 2013

Offene Geheimnisse, Deutsch von Heidi Zerning, Frankfurt am Main 2014

Tanz der seligen Geister, Deutsch von Heidi Zerning, Frankfurt am Main 2011

Tricks, Deutsch von Heidi Zernig, Frankfurt am Main 2008

Wozu wollen Sie das wissen?, Deutsch von Heidi Zerning, Frankfurt am Main 2013

Zu viel Glück, Deutsch von Heidi Zerning, Frankfurt am Main 2013

Gerlind Reinshagen

Die Frau und die Stadt, Frankfurt am Main 2007
Die grüne Tür, Frankfurt am Main 1999
Doppelkopf, Frankfurt am Main 1971
Joint Venture, Frankfurt am Main 2003
Nachts, Berlin 2011
Vom Feuer, Frankfurt am Main 2006
Zwölf Nächte, Frankfurt am Main 1989
Barbara Engelhardt/Therese Hörnigk/Bettina Masuch (Hrsg.), *Frauentheater*, Berlin 2001
Helga Kraft und Therese Hörnigk (Hrsg.), *Eine Welt aus Sprache – Zum Werk von Gerlind Reinshagen*, Berlin 2007

Christa Wolf

Auf dem Weg nach Tabou, Köln 1994
August, Berlin 2012
Ein Tag im Jahr 1960–2000, Frankfurt am Main 2013

Ein Tag im Jahr im neuen Jahrhundert 2001–2011, Berlin 2013

Im Dialog, Berlin 1990

Kindheitsmuster, Frankfurt am Main 2007

Leibhaftig, Frankfurt am Main 2009

Medea. Stimmen, Frankfurt am Main 2013

Rede, daß ich dich sehe, Berlin 2012

Sommerstück, Frankfurt am Main 2008

Stadt der Engel oder The Overcoat of Dr. Freud, Berlin 2010

Was bleibt, Berlin 2012

Jörg Magenau, *Christa Wolf. Eine Biographie*, Reinbek 2013

Jana Simon, *Sei dennoch unverzagt. Gespräche mit meinen Großeltern Christa und Gerhard Wolf*, Berlin 2013

Bildnachweis

S. 11: Else-Lasker-Schüler-Gesellschaft, Wuppertal

S. 26: © Bettmann/Corbis

S. 41: Stadtarchiv Ingolstadt/Michael Tafelmeier

S. 56: Deutsches Literaturarchiv Marbach/Peter Zollna

S. 69: © ullstein bild – Roger-Viollet / Janine Niepce

S. 85: © ullstein bild – Teutopress

S. 101: © ullstein bild – Minehan

S. 118: © Markus Desaga

S. 126: © Peter Bickle

S. 139: © Eberhard Gleichauf

S. 155: © Cato Lein

S. 168: © ullstein bild – B. Friedrich

S. 181: © ullstein bild – AP

S. 197: © Yvonne Bühler

S. 206: © ullstein bild – B. Friedrich

S. 238: © Eberhard Gleichauf

Wir danken den Fotografinnen und Fotografen, Verlagen und Archiven für die freundliche Genehmigung.

Die Autorin

Ingeborg Gleichauf, 1953 geboren, studierte Germanistik und Philosophie. Dissertation über Ingeborg Bachmann. Drei Töchter. Lebt in Freiburg. Zahlreiche Veröffentlichungen, u.a. über Hannah Arendt, Simone de Beauvoir und Max Frisch; zuletzt erschien *Ingeborg Bachmann und Max Frisch. Eine Liebe zwischen Intimität und Öffentlichkeit* (Piper, 2013). Im AvivA Verlag veröffentlichte sie *Was für ein Schauspiel! Deutschsprachige Dramatikerinnen des 20. Jahrhunderts und der Gegenwart.*

2008 wurde sie mit dem Preis der Jungen Kritiker Wiens ausgezeichnet.

Ebenfalls im AvivA Verlag erschienen:

Hanna Gagel: *So viel Energie. Künstlerinnen in der dritten Lebensphase* (4. Aufl. 2013)

Umschlagbild: Stockphoto © walik
Umschlaggestaltung: Britta Jürgs

Druck: finidr, s.r.o.

1. Auflage
© 2015 AvivA Verlag
AvivA Britta Jürgs GmbH
Emdener Str. 33, 10551 Berlin
fon (0 30) 39 73 13 72; fax (0 30) 39 73 13 71
info@aviva-verlag.de
www.aviva-verlag.de

ISBN: 978-3-932338-80-9